GEORGES RENARD

PROFESSEUR AU COLLÈGE DE FRANCE

LES ÉTAPES

DE

LA SOCIÉTÉ

FRANÇAISE

AU XIXe SIÈCLE

1812 — 1837 — 1862 — 1887

PARIS

MARCEL RIVIÈRE & Cie

31, RUE JACOB, 31

—

1913

À Georges et à Louise Weulersse
Bien affectueusement
Georges Renard

LES ÉTAPES

DE LA

SOCIÉTÉ FRANÇAISE

AU XIXe SIÈCLE

*A mon vieil et excellent ami
Henri Turot,*

*ce recueil de chroniques qui ont
été écrites à sa demande.*

Georges Renard.

GEORGES **RENARD**

PROFESSEUR AU COLLÈGE DE FRANCE

LES ÉTAPES

DE

LA SOCIÉTÉ

FRANÇAISE

AU XIXe SIÈCLE

1812 — 1837 — 1862 — 1887

PARIS

MARCEL RIVIÈRE & Cie

31, RUE JACOB, 31

1913

INTRODUCTION

Ce volume n'est pas un récit suivi des événements, comme on peut en trouver dans un manuel d'histoire; il n'est pas non plus un recueil de morceaux disparates n'ayant d'autre lien entre eux que la fantaisie de l'auteur, comme il en existe tant sous le titre de « mélanges historiques ».

Imaginez un ingénieur qui, sur un vaste terrain, percerait quatre trous de sonde en quatre points choisis à égale distance les uns des autres, afin de savoir quel est, en chaque endroit, la composition du sol.

Supposez un écrivain qui tracerait le portrait et raconterait la vie de Victor Hugo dans sa vingtième, sa quarantième, sa soixantième et sa quatre-vingtième année.

Figurez-vous un peintre qui reproduirait en quatre tableaux le même site, au printemps, en été, en automne, en hiver.

Ils feraient, pour un coin de terre, pour un grand homme, pour un paysage, ce que j'ai essayé de faire pour le siècle dernier.

Si l'on me demande à quoi peut servir cette

étude du xix*ᵉ siècle en général et de la société française en particulier, à quatre moments de leur existence, je répondrai qu'elle ne s'adresse pas à ceux qui, par métier ou par goût, doivent ou veulent connaître dans leur infinie complexité les changements de toute nature qui se sont accomplis en cent ans au sein d'une nation.*

Mais à la masse des curieux du passé, qui, sans avoir le temps de recourir aux sources ou même aux innombrables et volumineux ouvrages de première main, aiment à être renseignés de façon sûre et rapide, elle permet de saisir d'un coup d'œil les étapes de l'évolution en cours; elle offre les moyens, par le rapprochement de petits faits sévèrement contrôlés et souvent négligés par les historiens, de mesurer l'espace qui a été parcouru d'une génération à une autre.

Puisse ce petit livre, sans prétention, être utile et agréable à ceux qui voudront bien le lire dans l'esprit où il a été conçu!

1812

1812

UNE ANNÉE CRITIQUE

Avez-vous parfois rencontré au fond d'un tiroir un vieil agenda, où, quelque vingt ans auparavant, vous inscriviez au jour le jour vos rendez-vous d'affaires et de plaisir, les petits et gros événements de votre vie quotidienne?

Si vous vous avisez de le feuilleter, que de surprises, que de réminiscences mélancoliques, que de comparaisons saisissantes avec le présent! Vous y retrouvez des cendres de passions éteintes, des noms à demi effacés de votre mémoire ou même des gens et des choses qui ont traversé votre existence sans y laisser plus de traces que les nuages ou les oiseaux dans le ciel, mais aussi des germes et des commencements de ce que vous êtes devenu dans la suite.

Ce qui est vrai d'un individu l'est aussi d'une nation. Seulement quand elle a l'envie ou l'occasion de revoir et de mesurer ses dernières étapes, elle doit embrasser un plus vaste espace, un siècle par exemple. Un siècle dans l'histoire d'un peuple, c'est une année dans l'histoire d'un homme, une journée dans celle de l'humanité.

Alors, dans ce regard qu'elle jette en arrière, lui apparaissent également des faits et des êtres oubliés, des colères et des enthousiasmes périmés, des gloires qui ont eu l'éclat et la durée d'un feu d'artifice, des idées au contraire qui, d'abord méconnues et bafouées, ont eu des survivances, des renaissances, des floraisons singulières. Et cette revue des Immortels qui sont morts est une leçon de modestie pour les vivants; ce tardif épanouissement de rêves qui furent taxés d'utopies devient un réconfort pour les poursuiveurs d'idéal et les faiseurs d'avenir.

Voilà pourquoi, à la demande de mon ami Turot, je vais évoquer ici dans une série de chroniques ce que furent, en quatre époques de ce tumultueux et fécond dix-neuvième siècle, les activités, les mœurs, les goûts, les aspirations de nos pères et grands-pères, voire les toilettes, les fanfreluches et l'incessante ascension sociale de nos mères et grand'mères.

*
* *

Transportons-nous d'abord il y a cent ans. 1812 est l'année critique du premier Empire.

La France a débordé sur l'Europe. Elle occupe sur la carte une étendue démesurée. Rome, promue au rang de capitale en second, vit sous les mêmes lois que Paris. Un préfet français gouverne à Lubeck comme à Raguse. Il existe un département du Zuyderzée comme des départements de l'Arno et du Simplon.

Autour de cet énorme territoire, un cercle d'Etats vassaux. Ici des royaumes que l'empereur a distribués en famille : la Westphalie et l'Espagne, à ses frères Jérôme et Joseph; Naples, à son beau-frère Murat; une portion de l'Italie, au prince Eugène de Beauharnais, son beau-fils; pauvres souverains, qui le sont parfois malgré eux et que celui qui les a faits traite en laquais, pour peu qu'ils montrent la moindre velléité d'indépendance ! Là, le royaume de Suède échu à un maréchal de France; ailleurs, le grand-duché de Varsovie, coin de fer au flanc de l'empire russe; puis une Confédération du Rhin, d'où sont exclues l'Autriche et la Prusse, réduites à l'état de puissances sujettes ou alliées par force.

Ensuite une cohue de princes et de principicules, annihilés, tremblants, jamais sûrs d'avoir encore le lendemain leurs possessions. Le Hanovre passe de main en main, puis est réuni à la France. On proteste. L'empereur réplique avec désinvolture : « Je prends le Hanovre, parce que j'en ai besoin; les longs discours sont inutiles. » Un de ses envoyés dit au duc de Nassau-Siegen, avec toutes les formes diplomatiques dont il est capable : « L'empereur a besoin de votre province. Vous avez de bonnes raisons pour refuser. Mais, sacredieu! vous n'êtes pas le plus fort. Aussi, croyez-moi, faites beau c... » — Et le duc fait sans barguigner... ce qu'on lui demande.

Les vieux pays libres ne sont pas respectés davantage. A des délégués de la Suisse, qui viennent se plaindre doucement de l'occupation militaire du Tessin, route de l'Italie, le terrible conquérant répond : « Prenez garde! Un jour, à minuit, je pourrais bien signer l'annexion. »

Il entend régner sur les consciences comme sur les Etats. Le pape lui fait opposition. A Paris, les archives du Vatican ! En captivité, le pontife! Et de Savone on l'amène d'une seule traite à Fontainebleau. On veut faire de lui un instrument, et, comme il ne s'y prête pas, on lui conseille de se démettre, attendu que le Saint-Esprit a cessé de l'inspirer.

Les cardinaux se sont permis de ne pas assister au sacre. En exil, les cardinaux! Et on les éparpille dans de petites villes où ils sont internés sous la surveillance de la police. Une note étrange indique jusqu'où poussent l'exécution de leur consigne,

Ces mortels dont l'Etat gage la vigilance,

pour emprunter à un versificateur du moment

cette aimable périphrase. — « Jamais ils ne découchent », dit, des prélats dont il a la garde, le sous-préfet de Saint-Quentin.

Le rêve du nouveau Charlemagne, c'est de réunir en sa main le pouvoir temporel et le pouvoir spirituel. Il s'écriera plus tard, inconsolable de ce rêve avorté : « Paris fût devenu la capitale du monde chrétien et *j'aurais dirigé* le monde religieux comme le monde politique. J'aurais eu *mes* sessions religieuses comme *mes* sessions législatives. »

Il disait couramment *mes* Conciles, et, par un rapprochement curieux, *mes évêques et mes gendarmes*. Il nommait, malgré Pie VII, le cardinal Maury archevêque de Paris. Il ne dissolvait pas seulement les congrégations; il menaçait un supérieur de le faire passer par les armes; il supprimait les séminaires et envoyait au régiment les séminaristes.

Qui aurait osé ou pu résister? Les survivants de la Révolution ou bien languissaient et se mouraient à Cayenne ou bien, abâtardis, déshonorés de titres, décorations et donations, n'étaient plus que les dociles serviteurs du maître. Si Carnot rongeait son frein dans la vie privée, Louis David, le peintre, étalait pour lui la même admiration qu'il avait prodiguée jadis à Robespierre et à Marat. Talleyrand, Fouché, Monge étaient ses ministres. Siéyès était comte, sénateur, et combien d'autres avec lui!

La France n'était pas seule à se courber ainsi sous le sabre. La Grande Armée comptait plus d'étrangers que de Français; Allemands, Polonais, Suisses, Italiens, Dalmates, Espagnols même, se rencontraient sous ses drapeaux avec des Mamelucks, des Albanais, des Tatars, et c'était un perpétuel va-et-vient de Westphaliens allant combattre en Espagne, ou de Portugais jetés dans les vallées des Alpes qu'il s'agissait de soumettre.

Sur tout cela planait l'Homme à la redingote grise. Il était bien le roi des rois. A Dresde, il pouvait dire à Talma, à Mlle Georges : « Je vous avais promis un parterre de rois. Je tiens parole. » Les poètes enflaient la voix pour célébrer sa grandeur. Le poitrinaire Millevoye épuisait ce qui lui restait de poumons à chanter *Charlemagne à Pavie:* on savait de qui Charlemagne tenait la place. En 1810, on avait voulu décerner un prix décennal de peinture; on avait rangé dans une catégorie spéciale les toiles « représentant un sujet honorable pour le caractère national ». Il se trouva, comme par hasard, que toutes, sauf une seule, se rapportaient à des événements personnels à Napoléon; et les années suivantes ce fut une débauche de tableaux en son honneur.

Etait-il homme? Etait-il dieu? L'on ne savait plus. Ecoutez le poète allemand Henri Heine raconter le passage à Dusseldorf de celui qu'il

appelle tout simplement « l'âme du monde » :
« Mon cœur battait la générale, tandis que
l'Empereur et sa suite chevauchaient au
milieu de l'allée ; les arbres, interdits, se
pliaient devant lui, à mesure qu'il s'avançait;
les rayons du soleil dardaient, tremblotants
et curieux, à travers le feuillage, et sur le ciel
bleu on voyait distinctement scintiller une
étoile d'or. Dans ses traits on lisait : Tu n'au-
ras pas d'autre dieu que moi, et le peuple
criait de ses mille voix : Vive l'Empereur! »

Oui, la France était grande et paraissait
forte. Oui, l'empereur marchait couronné
d'une auréole et il soignait d'avance son
immortalité. L'Arc-de-Triomphe qu'il avait
commandé sortait de terre : il avait déjà de
cinq à six mètres de haut à la fin de 1811. Le
Temple de la Gloire, qui devait porter à son
fronton cette inscription : *L'Empereur Napoléon aux soldats de la Grande Armée*, commençait à s'élever, sans se douter qu'il devien-
drait l'église de la Madeleine. Une voie impériale et triomphale était projetée, qui percerait Paris de part en part, depuis la barrière
de l'Etoile jusqu'à celle du Trône.

Mais l'Empire, ce colosse aux pieds d'argile,
craquait, se lézardait. L'Angleterre, bannie
du continent, demeurait la maîtresse des mers.
L'Espagne, révoltée, faisait la guerre au cou-
teau, et l'Europe suivait des yeux et du cœur
cette lutte acharnée d'un peuple contre la

violation flagrante de son droit. « L'immoralité s'y montrait par trop patente, l'injustice par trop cynique; l'attentat ne s'y présentait plus que dans sa hideuse nudité. » Qui parle ainsi? Un juge qu'on ne récusera pas : Napoléon à Sainte-Hélène.

La France même, saignée à blanc et soûle de victoires, écrasée par la conscription et par les impôts, affamée par la mauvaise récolte de 1811, accueillait froidement l'annonce des nouvelles batailles gagnées: elles étaient trop! Le mouvement de la population y accusait une baisse soudaine et formidable de la natalité.

En vérité, dès les premiers mois de 1812, les sourds grondements précurseurs des tremblements de terre prédisaient à qui ne se bouchait pas les oreilles le désastre et l'effondrement prochains.

CÉSARISME ET LIBERTÉ

Césarisme et liberté : deux choses incompatibles! Tacite le disait déjà; Napoléon le démontrait à la France impériale.

Qu'était devenue la fière nation qui proclamait les principes de Quatre-Vingt-Neuf, qui menaçait ses adversaires d'aller porter chez eux, non la dévastation, mais la liberté? Brisée par sa ruée vertigineuse en avant, harassée par un effort sans répit, pliée sous la brutalité du pouvoir militaire, elle haletait, avide de repos, domestiquée, résignée à toutes les servitudes.

Adieu le tumulte vivant des assemblées et des élections politiques! Une poignée d'électeurs à vie, pris parmi les plus imposés, car la fortune est une force conservatrice qu'il faut ménager. Des ombres de candidats présentés par ces ombres d'électeurs. Les membres du Sénat et du Corps législatif triés, parmi ces fantômes, par les députés et sénateurs déjà en exercice et par... le chef du gouvernement. En réalité, dans une parodie de suffrage restreint, un seul élu de la nation, l'Empereur, qui se dit son unique et vrai représentant. L'Etat, c'est lui.

Il semble que des corps ainsi constitués ne soient pas bien gênants. Le *Corps législatif* a ceci de particulier qu'il ne fait pas les lois; il vote en silence ou discute tout bas celles que le Conseil d'Etat, nommé par le pouvoir, veut bien lui proposer; ce muet ne retrouve la parole qu'à huis clos. Il doit voter le budget; mais, au besoin, on se passe de son vote.

Le *Sénat conservateur*, que Napoléon a peuplé de repentis et de ses créatures, est plus accommodant encore, si possible. Il vote toutes les levées d'hommes, toutes les annexions qu'on lui demande. Il devrait voter aussi les déclarations de guerre : seulement, on oublie quelquefois de le consulter. Il a, en outre, deux grandes prérogatives: il est chargé de protéger la liberté de la presse et la liberté individuelle. Seulement, il jugera superflu d'en user; ces deux libertés furent si bien respectées, comme on va voir!

Ajouterai-je que Napoléon nomme partout les maires et les adjoints; qu'il a remis Paris sous le régime d'exception dont notre République, peu pressée, ne l'a pas encore affranchi; que dans toute commune ayant plus de cinq mille âmes il choisit jusqu'aux conseillers municipaux, sur une liste de deux pour un; qu'il désigne de même les conseillers généraux et les conseillers d'arrondissement; qu'il s'est réservé la nomination des juges et des présidents dans les tribunaux de première instance et d'appel; qu'il lui arrivera de casser, sans autre forme de procès, le verdict d'un jury?

Ce pouvoir omnipotent, qui s'incarne en un homme, fait tout, se mêle de tout et aussi s'effarouche de tout! A un conseiller d'Etat qui a fait mine d'avoir une opinion à lui, l'Empereur dit : « Vous avez été bien loin. Vous m'avez réduit à me gratter la tempe. Evitez de me pousser jusque-là! » A ses ministres, il assène des rebuffades épouvantables. Tous les fonctionnaires et même tous les électeurs sont astreints à prêter serment non seulement à la Constitution, mais à sa personne. L'article 103 du Code pénal punit quiconque ayant eu connaissance d'un complot contre le gouvernement ne l'a pas dénoncé dans les vingt-quatre heures : c'est la délation obligatoire.

En ce temps-là, Joseph de Maistre et de Bonald, ces « prophètes du passé », ces revenants du moyen âge, font la théorie de la monarchie absolue; ils y voient le salut des peuples. Napoléon, lui, fait le lit où les monarques qui lui succéderont n'auront qu'à se coucher; aucun pourtant n'y sera aussi à l'aise, aussi paisiblement installé que lui-même.

Tel est le sort des libertés politiques. Mais les autres ? Voici :

C'est d'alors que date la défense de se réunir à plus de vingt, défense insolente qui restera si longtemps dans l'arsenal de nos lois de répression. La parole, même dans cette classe de rhétorique supérieure qu'est l'Académie française, peut devenir séditieuse, inquiétante. Chateaubriand, dans son discours de réception qui est soumis à l'ombrageux censeur, a osé faire l'éloge de la liberté : cris de colère, coups de crayon rageurs en travers du manuscrit, interdiction de prononcer cette harangue, et, en 1812, exil de l'auteur dans la ville de Dieppe. Les avocats, ces bavards, ces factieux, ces artisans de crimes et de trahisons, tenus, comme les comédiens, pour indignes d'être décorés, sont assujettis à une discipline rigoureuse, mais insuffisante, car l'empereur souhaite « qu'on fasse couper la langue à un avocat qui s'en sert contre le gouvernement ».

La presse n'avait pas à compter sur un traitement plus doux. Une commission sénatoriale était bien instituée pour veiller au maintien de son indépendance; mais il était dit expressément que les livres seuls, non les journaux, bénéficieraient de cette précieuse faveur. Et si l'on juge de l'efficacité qu'avait cette mesure protectrice d'après l'ouvrage de Mme de Staël sur *l'Allemagne*, qui fut mis sans pitié au pilon, on peut deviner ce que pouvaient espérer les périodiques.

En septembre 1811, le *Journal de l'Empire* (c'était le nom dont on avait affublé, par ordre, le *Journal des Débats*, sous prétexte que son titre rappelait les plus mauvais jours de notre histoire), publiait la note suivante : « A partir du 1er octobre prochain, il ne paraîtra plus, à Paris, que quatre journaux quotidiens s'occupant de nouvelles politiques: *le Moniteur, le Journal de l'Empire, la Gazette de France* et *le Journal de Paris.* ». Un instant même l'Empereur avait songé à ne laisser subsister que le seul *Moniteur*. Qu'avait-on besoin, n'est-ce pas, d'autre chose que de la vérité officielle et estampillée ?

Les départements, eux, n'avaient droit chacun qu'à un journal. Et encore ne devait-il être qu'une feuille d'avis et d'annonces ! Ce n'était pas assez pour rogner les griffes de cette puissance redoutable, la presse. Aussi imposait-on aux libraires et imprimeurs le serment de fidélité, et aux journaux eux-mêmes des directeurs chargés de les conduire dans la bonne voie, de révoquer les journalistes récalcitrants et de différer les nouvelles désagréables au gouvernement jusqu'à ce qu'elles fussent connues de tout le monde et, dès lors, point dangereuses à répandre.

On leur infligeait même des changements brusques de propriétaires. On avait enlevé les *Débats* à la famille Bertin et fait des actions 24 parts, dont 8 étaient attribuées à la police générale, les autres distribués à des personnages de la cour. Argent, papier, meubles, tout ce qui se trouvait dans le local de la rédaction avait été partagé de la sorte, et il faut lire les considérants qui motivaient ce pillage au nom de l'Etat. Il y est dit que les produits des journaux ne peuvent être une propriété que par une concession expresse du souverain; que le souverain n'a, dans le cas présent, rien concédé; que, d'ailleurs, les journaux subsistants ont fait des bénéfices énormes, grâce à la suppression de trente de leurs concurrents; qu'enfin, tous les moyens d'influence sur la rédaction d'un journal ne doivent appartenir qu'à des hommes sûrs, connus pour leur attachement à la personne du prince...

Pareillement était traité le *Journal de Paris,* quoiqu'il appartînt à des dignitaires de l'Empire. Ecrire dans les feuilles du jour devenait une fonction publique que l'Empereur déléguait à qui lui plaisait. Entre ces fonctionnaires-journalistes, un fonctionnaire-censeur, Lemontey, qui présidait à la formation de l'esprit public, prévoyait et organisait des polémiques qui devaient distraire les lecteurs des fâcheuses nouvelles venant d'Espagne et de Russie. Pourquoi — proposait-il au mois de mai 1812 — ne pas provoquer une lutte de préséance entre la musique italienne et la musique française ? Quel beau combat « entre l'harmonie et la mélodie ! » Discussion de tout repos ! Petite guerre qui ferait diversion à la grande ! A quoi le ministre de la police Savary répondait : « Approuvé très fort ! »

On se doute bien que la liberté individuelle ne devait pas peser très lourd, quand l'intérêt ou le caprice du tout-puissant empereur venait à tomber dans l'autre plateau de la balance. La dignité de la personne humaine était le moindre de ses soucis. Il avait rétabli l'esclavage à la Guadeloupe, à la Guyane, et quant à ses sujets, Français ou étrangers, il ne voyait plus trop nettement où s'arrêterait son pouvoir sur eux.

Jamais la police ne fut plus tracassière qu'alors. Mme Récamier, la belle des belles, était exilée de Paris pour avoir rendu visite, en son château de Coppet, à une autre exilée, Mme de Staël. Elle vivait en province, mise en quarantaine, recevant en cachette ses lettres et de rares amis; car, comme l'écrivait Chateaubriand, dès qu'on était suspect d'indépendance de pensée, « il ne restait autour de vous que des autorités épiant vos liaisons, vos sentiments, vos correspondances, vos démarches ! »

Un de Luynes, malgré ses dernières volontés et celles de sa famille, était enterré au Panthéon, fosse commune des sénateurs de ce temps-là.

Le pape, dans son voyage forcé de Savone

à Fontainebleau, arrive près de la Tour-du-Pin : les cloches sonnent; le clergé, les fidèles vont à sa rencontre; mais il est interdit au pape de faire halte; la voiture passe au galop et la procession reste en plan sur la route. Le compositeur Zingarelli, ami du pape, refuse d'écrire un *Te Deum* en l'honneur de celui qui a fait le pontife prisonnier. Qu'à cela ne tienne ! On enlève le musicien à Rome, où il résidait, et on l'amène à Paris, où il devra, bon gré, mal gré, s'exécuter.

Un père pouvait-il faire donner à son fils des leçons d'anglais, alors que l'Angleterre était la grande ennemie ? Le père de Lamartine fut averti que c'était chose illicite. Un père pouvait-il marier sa fille à son gré ? Non, quand l'empereur avait des vues sur elle pour quelqu'un de son entourage. Etienne mit une situation analogue dans sa comédie : *l'Intrigante*. Le père réclamait, en disant :

Mon respect pour la Cour a souvent éclaté,
Et nul n'est plus soumis à son autorité.
Mais que peut-elle faire à l'hymen de ma fille?
Je suis sujet du prince, et roi dans ma famille...

Comme le public applaudissait trop fort cette légitime protestation, la pièce dut être retirée et fut saisie chez les libraires.

La femme d'un président, coupable de certaines légèretés, fut enfermée sans jugement. Sans jugement aussi, et qui plus est sans avertissement préalable, sans indemnité aucune, la maison du poète Népomucène Lemercier fut démolie. N'avait-il pas eu l'audace de ne pas louer le Maître, de garder un silence coupable, et de répondre enfin à l'empereur qui lui demandait quand il donnerait quelque chose au théâtre: « Plus tard, sire; j'attends. »

Assurément Napoléon (l'a-t-on assez répété !) apparaît comme un géant debout au seuil du XIX⁰ siècle. Mais un géant, c'est lourd. Il avait parfois le sentiment d'être un fardeau pour le monde. On connaît son mot à Mme de Rémusat : « Savez-vous ce qu'on dira de moi, quand je n'y serai plus ?... Eh bien ! on dira : Ouf ! »

LE SABRE ET LA PENSÉE

Napoléon, à Sainte-Hélène, faisant la toilette de son passé pour la postérité, se vante d'avoir, au profit de ses sujets, reculé les limites de la gloire, récompensé tous les mérites, encouragé le développement de toutes les facultés. S'il était sincère en s'accordant libéralement ces éloges, il se faisait de singulières illusions.

Ce qui est vrai, c'est qu'il a reconnu dans la pensée une force, et qu'il a voulu la tenir enchaînée dans une cage dorée au pied de son trône. Il a décoré, pensionné, doté largement les écrivains qu'il pouvait enrégimenter; il leur a distribué des prix comme à des collégiens bien sages. Mais, suivant sa coutume, il rapportait tout à lui seul. Son désir était de réunir tous les talents autour de son pouvoir réparateur; seulement, c'était à condition qu'ils se laisseraient guider, canaliser, absorber. Sinon, ce membre de l'Institut foudroyait ainsi le corps dont il faisait partie : « Depuis quand l'Institut se permet-il de devenir une assemblée politique ?... Qu'il ne sorte pas du domaine des Muses, ou bien je saurais l'y faire rentrer ! »

Aussi, voyez son attitude à l'égard des différents genres littéraires. Il a aimé la tragédie, même ailleurs que sur les champs de bataille. Mais pourquoi ? Parce qu'il lui assignait pour fonction de faire des héros, des soldats. De l'*Hector* qu'avait composé Luce de Lancival, un fidèle attardé du vers latin, il disait : « C'est une bonne pièce de quartier général ». De Corneille, dont il se plaisait à voir représenter les chefs-d'œuvre, il disait encore : « Je l'aurais fait prince. » Mais, en 1812, au retour d'une visite à l'Ecole normale, il motivait cruellement son enthousiasme : « Corneille, Bossuet, voilà les maîtres qu'il faut à la jeunesse ! Ah ! ceux-là ne font pas de révolutions ! Ils n'en inspirent pas. Ils entrent, *à pleines voiles d'obéissance,* dans l'ordre établi de leur temps. Ils le fortifient; ils le décorent... » Et si la clémence d'Auguste, si le *Soyons amis Cinna* lui arrachent des cris d'admiration, c'est qu'il fait l'injure au vieux poète de découvrir là une machiavélique et impériale supercherie.

Au reste, ce cerveau, où la carte de l'Europe est imprimée, avec la position de tous les corps de troupes éparpillées à sa surface, est aussi peu friand de littérature qu'il est possible de l'être. Il l'avouait en ses moments de franchise : « J'aime la tragédie; mais toutes les tragédies du monde seraient là d'un côté, et des états de situation de l'autre, je ne regarderais pas une tragédie, et je ne laisserais pas une ligne de mes états de situation sans l'avoir lue avec attention... »

On peut deviner que la comédie l'intéressait bien moins encore. Ce qu'il y a d'irrévérencieux dans le rire l'irritait. Il ne comprenait pas Molière, et il déclarait qu'il n'aurait pas laissé jouer *Tartuffe*. Aussi, quels exploits la censure n'a-t-elle pas alors accomplis ! On a pu en faire tout un livre.

Rien qu'en 1812, elle supprime un drapeau fleurdelysé qui paraissait dans une pièce consacrée au maréchal de Luxembourg. Brifaut s'est avisé d'écrire une tragédie dont le sujet est emprunté à l'histoire espagnole; mais on est en guerre avec l'Espagne; gare aux allusions ! Le poète est réduit à s'enfuir dans l'antiquité la plus reculée, chez les Assyriens, et sa tragédie, ce qui montre bien à quel point les personnages en étaient hors du temps et de l'espace, réussira, en 1813, sous le titre de *Ninus II*.

Raynouard a eu le prix décennal de tragédie en 1810. On est surpris de ne plus le rencontrer au théâtre pendant les années suivantes. C'est qu'il a voulu mettre en scène les *Etats de Blois,* un épisode de la Ligue. Mais il est malséant de rappeler ces temps troublés, de faire l'éloge de Henri IV, et Napoléon ajoute à ces griefs cette merveilleuse trouvaille : « Le duc de Guise, qui a un vilain rôle, est un prince de la maison d'Autriche, un parent de l'impératrice ! » Et Raynouard est, comme bien d'autres, condamné à se taire.

Cependant, Napoléon s'intéresse au tripot comique. Je ne parle point de ses passades pour des tragédiennes et des comédiennes qu'il traite, quand il n'est pas de loisir, avec une soldatesque impertinence. On lui annonce un soir la présence commandée de je ne sais quelle princesse de la rampe — *Qu'elle attende !* — On lui rappelle un peu plus tard qu'elle est toujours là. — *Qu'elle se déshabille !* — On gratte de nouveau à la porte. — *Qu'elle s'en aille !*

Mais, si l'empereur ne pèche point par excès d'égards envers les actrices, il sait et ménage le goût des Parisiens pour les spectacles. *Panem et circenses,* c'est l'A B C de la politique impériale à Paris comme à Rome. Et de Moscou, en plein tohu-bohu militaire, il date le fameux décret qui régit encore aujourd'hui la Comédie-Française. Il faut croire que la réglementation était urgente. On se plaignait des tournées que le jeune premier faisait incessamment, des pièces qui traînaient en répétition durant des mois, des deux pauvres petites comédies qui avaient été jouées, sans succès d'ailleurs, au cours de l'année. On croirait que ces plaintes sont d'hier.

Par une curieuse exception, l'empereur laissait subsister l'espèce de minuscule république et de société coopérative que formaient les comédiens de Sa Majesté. Il est vrai qu'il les maintenait sous la dépendance de l'Etat, et qu'il se défiait non des acteurs, mais des auteurs. Or, le comité de lecture était un obstacle de plus dressé devant les audaces possibles de ces êtres inquiétants qui tenaient une plume.

Toujours est-il que l'année 1812, cette année sanglante, voit les théâtres remplis. On y joue d'innombrables vaudevilles, des opéras, des drames, des tragédies, dont les titres n'éveillent, hélas ! aujourd'hui, aucun écho. Les plus grands succès étaient pour le Cirque olympique, les panoramas et cosmoramas. En vain Napoléon réclamait-il des chefs-d'œuvre. Talleyrand disait à des spectateurs conviés à une représentation officielle : « Messieurs, l'empereur entend qu'on s'amuse ! » L'empereur entendait aussi qu'on eût du génie; mais le génie ne répondait pas à l'appel.

Thiers a écrit quelque part : « *Malgré* l'influence de Napoléon, une terrible force d'inertie s'était emparée de la littérature. » Est-ce bien *malgré* qu'il faut dire? Sans doute il travaillait pour l'épopée; il allait faire naître à distance des légendes et des poèmes; susciter de loin des effusions lyriques. Mais, de près, son influence fut-elle bienfaisante ou écrasante? Je laisse la parole aux faits.

L'histoire lui paraissait digne de considération, pourvu que le plan en fût tracé par lui. Il prétendait marquer en quels endroits il convenait de s'indigner ou de s'enthousiasmer. Celle qui voulait bien se conformer ainsi à ses vues méritait d'être récompensée; mais l'autre devait être, selon un adorable euphémisme, « découragée par la police ». Il poursuivait Tacite d'une haine personnelle.

La philosophie lui agréait moins encore; elle était suspecte de faire des « idéologues », des métaphysiciens, véritables vermines, chiens bons à jeter à l'eau. Au fond de ces fureurs se cachait la peur de l'idée, cette chose subtile qui court, insaisissable et impétueuse comme le vent d'orage. « Savez-vous, disait-il en 1809, à Fontanes, ce que j'admire le plus dans le monde? C'est l'impuissance de la force pour organiser quelque chose... A la longue, le sabre est toujours vaincu par l'esprit. »

Les partisans de la force brutale ont parfois de ces lueurs. En attendant, Napoléon avait supprimé de l'Institut la classe des sciences morales et politiques, puis banni l'histoire et la philosophie, du programme de l'enseignement secondaire, retombé aux méthodes des jésuites. Le budget total de l'instruction publique n'atteignait pas six millions, alors qu'aux dépenses prévues pour 1812 la maison de l'impératrice et celle du roi de Rome, âgé d'un an, figuraient pour près de quatre millions. Les maîtres, peu payés, étaient destinés, du reste, à doubler la gendarmerie sacrée des curés. Proviseurs et principaux étaient astreints au célibat, comme des moines.

Le lycée, sans cesser d'être à demi-couvent, tournait à la caserne. L'uniforme et la discipline y étaient militaires; on y manœuvrait au son du tambour; on y passait du thème grec au maniement du fusil. C'était, au fond, le noviciat du régiment. On le quittait de bonne heure pour s'engager, car il fallait beaucoup de chair à canon pour l'effroyable consommation qui allait croissant d'année en année. Toute l'activité, toute l'ambition de la jeunesse était tournée vers la guerre. On devenait officier ou l'on mourait, eût-on dans la tête une cervelle d'or. Ainsi que l'a dit Alexandre Dumas fils : « Les grands poètes naissent comme les bluets dans les blés; mais, dans les moissons humaines que faisait Napoléon, les bluets tombaient avec les épis. »

Après cela, on n'est pas trop étonné, quand on pénètre dans le cimetière de la littérature impériale, d'y rencontrer des dizaines d'épopées mort-nées, des poèmes sur la science qui ne sont ni scientifiques ni poétiques. Dans les productions du temps se marient étrangement une fausse antiquité et un faux moyen âge; Oreste et Mérovée, les troubadours et Léonidas, Ossian et Homère, Roland et Lohengrin apparaissent déjà, au cours de ce funèbre défilé.

Ce qui est alors le fin du fin, ce qui vous classe un homme, c'est l'invention de quelque ingénieuse périphrase pour déguiser ce qu'il eût été trop facile de dire en termes simples. On vantait ce noble travestissement du chapon :

> Ce froid célibataire, inhabile au plaisir,
> Du luxe de la table infortuné martyr.

On savait gré à Fontanes d'avoir travesti de même les confitures :

> Cette pâte épaissie au souffle de Vulcain
> Boit le miel du roseau que planta l'Africain.

On célébrait « les glaives façonnés à Bayonne, et les tubes d'airain qui lancent le tonnerre ». On transformait la vache en « rivale indigne de Pasiphaé ».

Piètres fleurs artificielles, comme on en voit sur les tombes à regrets économiques! L'abbé Delille, vraie machine à décrire, était le roi de cette poésie, si le mot de poésie peut s'appliquer ici. Ce classique de la décadence, qui avait fabriqué à la douzaine des tigres et des chameaux, des printemps et des automnes, et tant d'aurores qu'il ne pouvait plus les compter, publiait, en 1812, tout un poème sur la *Conversation* ; une série de portraits qui auraient mérité d'être tracés en prose : le bavard ennuyeux, le hâbleur, l'homme d'esprit, que sais-je? Rappelons, pourtant (salutaire avertissement aux rimeurs d'aujourd'hui), qu'on pleurait à ses cours du Collège de France; qu'à sa mort, en 1813, il devait être porté à l'église sur les épaules de ses élèves et qu'un fanatique allait réclamer un morceau de son épiderme!

Le naturel se réfugiait alors dans l'épigramme, la fable, la chanson. La France chantait encore beaucoup; elle chantait le vin et la gaudriole. Désaugiers créait le type de M. Vautour; il esquissait M. et Mme Denis, cette réduction bourgeoise de Philémon et Baucis. Béranger, qui débutait, fredonnait ce refrain rassurant à l'usage des bien rentés :

> Les gueux, les gueux
> Sont des gens heureux
> Ils s'aiment entre eux.
> Vivent les gueux!

En vérité, cette littérature française, qui, si l'on excepte deux ou trois écrivains, lesquels n'écrivent point ou écrivent hors de France, se meurt faute d'idées et faute de sang, semble alors un ruisselet en qui finit un grand fleuve bu par les sables. Et pourtant, il existe déjà une jeune génération inquiète, frémissante, atteinte de ce qu'on nommera le mal du siècle, tourmentée d'une vague mélancolie et d'une soif ardente d'idéal. Le mot de romantisme a fait son apparition. Un souffle de renouveau glisse, léger et caressant, sur le sol. La vie germe au sein même de la mort. Que lui manque-t-il pour éclore en France? La paix, la liberté, deux conditions que Napoléon ne peut ou ne veut pas lui assurer.

Cependant, le printemps a déjà éclaté ailleurs. En 1812, Hegel publie sa *Logique;* Byron, les premiers chants de *Child Harold.* On demandait à Siéyès à quoi il pensait durant tout ce temps-là. Il répondait : « Je ne pense pas. » D'autres pensaient sans doute, en France. Mais quels pauvres roseaux pensants, eût dit Pascal!

LA SCIENCE
ET LA VIE MATÉRIELLE

Lamartine, en vrai poète qu'il était, se plaint d'avoir été, sous l'Empire, écrasé par des hommes géométriques, pour qui le chiffre était tout, et il s'écrie : « Les mathématiques étaient les chaînes de la pensée humaine. Je respire. Elles sont brisées. »

C'est là une lyrique exagération. Elle a ceci de juste, que la science, positive et précise, domina durant cette époque. Elle a ceci d'injuste, que la grandeur de l'époque lui vient en majeure partie de cet épanouissement scientifique.

Elles sont alors légion, les idées neuves et les découvertes à longue portée qui prennent leur vol à travers le monde. La science, quoi qu'on puisse dire, n'est pas moins créatrice, inventive, imaginative que la poésie. Seulement elle agit à distance plus encore que sur les contemporains.

Qui donc aujourd'hui aurait le front de

dédaigner un Laplace, démontant le mécanisme de l'univers et organisant le calcul des probabilités; un Lamarck, génial précurseur de Darwin et des théories qui expliquent la transformation des espèces; un Cuvier, reconstruisant à l'aide d'un seul ossement les monstrueux reptiles qui vaguaient sur le sol aux âges préhistoriques; un Geoffroy Saint-Hilaire, faisant rentrer l'homme dans la nature et dressant par échelons la série des êtres qui sans interruption vont du mollusque au roi superbe de la terre ?

Combien sont, à l'heure qu'il est, plus vivants dans les mémoires que les momies de l'Académie française, des physiciens et des chimistes comme Thénard, Ampère, Arago, Gay-Lussac, qui commencent ou achèvent en ce temps-là leur réputation! L'empereur, il faut lui rendre cette justice, estimait à leur prix ces découvreurs, jusqu'à permettre au savant anglais Davy, l'inventeur de la lampe de sûreté pour les mineurs, de traverser impunément la France, où il trouvait, en passant, l'iode.

Le public, si oublieux pourtant, sait encore les noms des grands praticiens qui furent alors les gloires du corps médical : Cabanis, Broussais, Corvisart, Laënnec, Esquirol, Larrey, le grand coupeur de bras et de jambes qui lance en 1812 ses *Mémoires*, Dupuytren, qui, la même année, est nommé premier chirurgien de l'Hôtel-Dieu. Mais on peut lui rappeler que Napoléon, en décembre 1812, se propose d' « élever à sa plus haute expression » l'Ecole vétérinaire d'Alfort.

Les femmes de la cour et du monde, comme on peut s'y attendre en cette ère belliqueuse, étaient volontiers bruyantes, hautes en couleurs et en propos, quelque peu hussardes ou vivandières ; elles portaient des casques de dragons ou des turbans de mamelucks. Mais, en 1812, qu'est-ce qui fait concurrence à ces coiffures militaires? Des coquins de petits chapeaux avec des ailes, des chapeaux à la Deghen, comme on les appelle d'après un héros du jour. Et qui diantre! est ce Deghen? Un nouvel Icare, un horloger viennois qui, sur une machine volante, a voyagé en l'air de Paris à Châtenay. Déjà Monge et Meusnier s'occupent de la direction des ballons, de même que circulent péniblement sur les routes des machines roulantes, qui se nomment des dreysiennes et qui sont les vénérables aïeules de nos bicyclettes.

D'autres inventions prennent corps, préparant lentement la métamorphose de l'existence humaine. Le bateau à vapeur de l'orfèvre américain Fulton avait, quelques années plus tôt, remonté la Seine jusqu'à Paris, au grand émoi des riverains qui, la nuit, avaient crié « Au feu ! » et sonné le tocsin ; il avait étonné plus que séduit les savants et Napoléon lui-même. Or, dès 1812, les Etats-Unis étant en lutte ouverte avec l'Angleterre, qui abusait du droit de visite sur les vaisseaux marchands de la nation sœur, Fulton mettait à la disposition de ses compatriotes un navire de guerre qui marchait sans le secours de la voile ou de la rame. En France, la même année, apparaissait à Mulhouse la première filature de coton mue par la force nouvelle que l'homme venait de domestiquer.

L'intelligence des choses pratiques peut ainsi se donner carrière. En tout domaine ? Non. Napoléon n'aime pas les commerçants, qui le lui rendent. Il les rudoie; il leur dit : « Je sais vos affaires mieux que vous ne savez les miennes. » Mais il a beau créer, en janvier 1812, le ministère du Commerce; le premier titulaire, Colin de Sussy, offre sa démission, parce qu'on réduit son budget à la portion congrue. Le blocus continental a beau également affranchir les marchands d'une concurrence terrible, en prescrivant que toute marchandise anglaise sera saisie et brûlée; l'océan fermé, la contrebande qui fait des affaires d'or, les licences accordées arbitrairement à certains négociants, les tarifs de douanes qui frappent les denrées arrivées par mer de droits énormes (cacao, 1.000 fr.; cochenille, 2.000 fr.; muscade, 2.000 fr.; thé, de 150 à 900 fr.; etc.), tout cela gêne, décourage le trafic et paralyse le crédit. Il est curieux que, pendant tout le régime impérial, la rente française n'ait jamais atteint le pair.

L'Empire est à la merci d'une crise. Or l'année 1811 a été mauvaise : chaleurs formidables, orages, sécheresse, qui valent au « vin de la Comète » une qualité supérieure, mais nuisent à la récolte des blés. Les farines sont en hausse. Dans un conseil, convoqué tout exprès pour remédier au mal, Montalivet dit avec une résignation béate : « Le pain sera cher, mais il ne manquera pas. » Et Napoléon de s'emporter, criant : « Ce que je veux, c'est que le peuple ait du pain! »

Mais les phénomènes économiques ne se plient pas à sa volonté et le déroutent. La spéculation sévit; les transports sont mal organisés; la vie chère est partout autour de lui.

Le pain s'achète, à Rouen, 36 sols les quatre livres. A Caen, une émeute éclate et trois femmes seront exécutées pour y avoir pris part. A Paris, où l'on mange de la farine de haricot et des pommes de terre bouillies, où l'on distribue des soupes économiques, où l'on ouvre des ateliers de charité, où les Bureaux de bienfaisance ont besoin d'un supplément de fonds, le pain, quoique tarifé, monte de mois en mois. Les vieillards indigents sont 2.132 à Bicêtre, 5.045 à la Salpêtrière.

L'empereur intervient alors hardiment dans le jeu de l'offre et de la demande. Il fait vendre, au-dessous du cours, aux boulangers pari-

siens le blé accumulé dans les greniers d'abondance; l'Etat dépensera ainsi 14 millions.
Mais alors le pain, qui devient meilleur marché dans l'enceinte de Paris, s'exporte dans
la banlieue. L'empereur tâtonne, donne ordres
et contre-ordres, finit par décréter pour le
prix des grains un maximum, sans prononcer
le mot, qui est mal vu depuis la Révolution.

Il rêve d'expédients plus graves encore; il
songe à faire venir du blé d'Amérique, et cela
(ô humiliation!) par l'intermédiaire du commerce anglais; il envisage la suppression des
boulangeries, la transformation du service
du pain en service public. Il lui arrive de
s'échapper en paroles qui ont une vague couleur socialiste : « Je ne souffrirai pas, dit-il,
qu'un particulier frappe de stérilité vingt hec-
tares de terrain dans un département fromen-
tueux, pour s'en former un parc. Le droit
d'abuser ne va pas jusqu'à priver le peuple
de subsistance. » Comme, malgré tout, la
cherté durera jusqu'au lendemain de la
récolte de 1812, qui est bonne, il croit prudent,
au mois de mars, d'aller chercher à Saint-
Cloud un refuge contre les plaintes et les
colères d'une population affamée.

C'est, en somme, l'industrie qui souffre le
moins de la situation faite à la France. Sans
doute certaines industries périclitent. Ce sont
celles qui attendent leur matière première
d'outre-mer. En vain l'empereur a-t-il ordonné

au coton de mûrir aux environs de Rome et
même dans la vallée du Rhône. Le coton s'est
obstiné à réclamer un climat tropical, et les
fabriques de cotonnades chôment en conséquence.

Mais l'obligation où l'Empire se trouve placé
de se suffire à lui-même fait naître des
usines, des exploitations nouvelles. Comme le
sucre de canne se vend 6 francs à Paris, tandis qu'il vaut 6 sous à Londres, on crée le
sucre de betterave. Napoléon va visiter solennellement, en janvier 1812, la fabrique de
Delessert, à Passy; il le décore; il décide que
cent élèves seront appelés à venir apprendre
chez lui cette fabrication; il se propose même
de faire de la raffinerie un monopole d'Etat.

Il avance dix-huit millions aux industriels
dans l'embarras. Il pousse au développement
de la mécanique. Il sait qu'il ne faut pas
compter sur les machines anglaises qu'une
loi interdit d'exporter et de faire connaître sur
le continent. Il promet donc, à qui inventera
une machine à filer le lin, une prime d'un
million, que Philippe de Girard gagnera et
ne touchera point. A Lyon les métiers Jac-
quart, en 1812, battent au nombre de 12.000;
à Saint-Etienne, les métiers à la zurichoise
maintiennent le succès de la rubanerie.

Chaptal, ministre, essaie d'organiser la statistique, thermomètre de la vie d'une nation.
Et il peut déjà constater que la draperie, le

meuble, la métallurgie se développent. En 1812, 90.000 tonnes de fonte sont produites sur l'ancien territoire de la France. C'est peu, si l'on compare cela au chiffre de 1909 : 3.632.000 tonnes. Mais cela montre que l'Europe continentale en est encore à la petite industrie; la fameuse usine d'Essen, qui se fonde alors en terre française, n'a que trois ou quatre ouvriers, quand elle en compte aujourd'hui 68.000.

Cette prospérité relative des entreprises industrielles explique que les ouvriers aient été assez favorables à l'Empire. C'est pour eux une période de hauts salaires; l'excès des décès masculins sur les décès féminins est, pendant tout ce temps, de 20.000 environ supérieur à la moyenne; la main-d'œuvre, raréfiée par les levées d'hommes, peut se faire payer cher.

L'empereur, d'ailleurs, craint et ménage les ouvriers. Visites dans les ateliers, commandes de lits, de souliers, de harnais pour l'armée; dès que le chômage menace, bâtisses à Paris et à Versailles; refus de signer un décret qui rétablirait, parmi les maçons, charpentiers, menuisiers, serruriers, l'assujettissement au patron et la journée de travail telle qu'elle existait avant 1789; ce sont autant de preuves qu'il a souci de ne pas mécontenter la classe ouvrière.

Et pourtant il cède au mouvement qui entraîne la bourgeoisie à tirer tous les résultats de sa victoire politique. Dans les codes figurent : le livret, qui met les travailleurs sous la surveillance de la police et dans la dépendance étroite de l'embaucheur; la défense absolue de toute entente, même temporaire. En juin 1812, cinq maçons, travaillant à l'abattoir de Grenelle, ont engagé leurs camarades à demander collectivement une augmentation de cinq sous par jour. Aussitôt les deux principaux *moteurs,* comme on dit alors, sont reconduits dans leur département par la gendarmerie, et les trois autres sont punis de quinze jours de prison.

Les ouvriers commençaient-ils à prendre conscience d'être sacrifiés à une classe alors infiniment plus puissante que la leur? Il semble qu'il y ait eu parmi eux, vers cette époque, des symptômes de désaffection à l'égard du conquérant. Des placards assez peu aimables pour l'Empire furent, paraît-il, en 1812, affichés dans le faubourg Saint-Antoine.

Et déjà les réformateurs sociaux sont à l'œuvre. Robert Owen, un des pères du socialisme anglais, publie, cette année-là, ses *Vues nouvelles sur la société,* qui contiennent tout un programme de réorganisation. En France, déjà Fourier, déjà Saint-Simon, réduit à vendre ses habits pour vivre, malade, endetté, sans pain, sans feu ni lieu, mais riche d'espérance et d'idées, ont lancé leurs premiers brûlots.

LE CHATEAU DE CARTES

Comme il s'élève haut, en 1812, le château de cartes bâti par les mains impériales! C'est l'année des grands projets et des vastes espoirs.

Pour son fils, le roi de Rome, qu'on promène aux Champs-Elysées dans la voiture aux chèvres, l'empereur ordonne un palais gigantesque, qui doit couvrir toute la colline de Chaillot, et coûter vingt millions. Pour un autre de ses enfants, un bâtard, le comte Alexandre-Florian-Joseph-Colonna Walewski, il institue un majorat qui ne comprend pas moins de 69 fermes, sises dans le royaume de Naples et louées par an 169,516 fr. 60.

Il rêve aussi de transformer sa capitale. Paris, qui ne grandit pas à son gré, au contraire (car il passe de 600.000 habitants en 1810 à 530.000 en 1812), a encore une physionomie de vieille petite ville. Ses rues étroites, dont on vient de numéroter les maisons, ont un ruisseau en leur milieu et point de trottoirs; des trappes de cave y tendent des pièges aux passants; des gouttières à ciel ouvert les y aspergent copieusement. En hiver, les riverains sont invités à casser la glace et à la ranger contre les murs; en été, 24 tonneaux d'arrosage sont prévus pour rafraîchir le pavé.

Çà et là, on patauge dans le sang; car les bouchers tuent encore à domicile. La Halle est sale, encombrée; l'entrée du pavillon de la marée s'appelle, sauf votre respect, « la porte merdeuse ». La nuit, des lanternes à huile se balancent, suspendues à des cordes; quelques magasins seulement, dans les quartiers riches, sont éclairés par la lueur tremblotante du gaz naissant. La Ville-Lumière est loin de mériter ce titre. On y dîne encore à cinq heures, et, le dimanche, les Parisiens, entassés dans des « coucous », qui en *singe*, qui en *lapin*, vont respirer l'air embaumé des champs à Pantin ou aux Batignolles.

Napoléon songe à changer tout cela. D'abord, foison de palais projetés : un au quai d'Orsay, pour recevoir les souverains étrangers; un pour les Beaux-Arts; un pour l'Archevêché; un pour l'Université; un temple de Janus aussi (celui que les Romains fermaient en temps de paix !) sur les hauteurs de Montmartre, avec une maison de convalescence. Puis une église de Saint-Napoléon, des abattoirs, une grande Halle, quatre énormes cimetières aux quatre points cardinaux. Que de travaux en perspective pour les Percier, pour les Fontaine, les grands architectes du moment !

Et Paris, malgré la cherté des vivres, est tranquille, brillant, insouciant. De loin on s'imagine qu'à la veille des grands coups de Jarnac que prépare le destin, des pressentiments, des angoisses suspendent ou tout au moins troublent d'un frisson la vie ordinaire. Quelle erreur ! Paris s'amuse, Paris danse la mazurka, et regrette seulement qu'aux bals des Tuileries les invités soient réduits au rôle de spectateurs, les personnages de la cour ayant seuls droit de figurer dans les quadrilles. Paris fête le carnaval, où un bœuf gras récalcitrant s'échappe en embrochant un garde municipal. Paris va aux courses, où une somme de 2.000 francs s'intitule fièrement : Grand Prix !

Paris surtout joue avec frénésie au jeu de diable, que nous avons vu renaître, presque au bout de cent ans, sous le nom de diabolo. Il cultive aussi le noble jeu de billard, pour lequel la reine Hortense, femme de Louis Bonaparte, grand-maître de la maçonnerie du rite écossais, s'est fait donner un professeur attitré.

Dans les salons où le vert est la couleur à la mode, où le sombre acajou s'illumine d'ornements en bronze doré, où les candélabres affectent des formes antiques ou égyptiennes qui rappellent que Champollion est en train de déchiffrer les hiéroglyphes, on chante « le beau Dunois », on roucoule *Fleuve du Tage*, on soupire « les hirondelles », on pince de la harpe, de la guitare ou l'on touche d'un instrument nouveau qui détrône le clavecin et s'appelle le *piano-forte*.

Les artistes glorieux ne manquent pas. Autour de David, le chef vieillissant de l'école antique, se groupent Prud'hon, Gros, Girodet, Gérard, et l'on ne saurait accuser ces maîtres de faire grise mine au pouvoir régnant. Le sujet imposé aux logistes, en 1812, est *Ulysse et Télémaque tuant les prétendants*. Avis à Messieurs les Bourbons, dont un des innombrables Louis XVII vient de mourir à l'hôpital !

Entrerons-nous au Salon annuel ? Heureux les critiques et les visiteurs de ce temps-là ! Il n'y a que 559 exposants, 1.023 tableaux, 1.327 objets. Combien de fois ce nombre n'est-il pas décuplé de nos jours, tandis que les 5.442 volumes publiés en cette même année n'ont guère fait que doubler depuis lors !

Nous retrouvons là les sujets que suggère la courtisanerie : le baptême du roi de Rome en gravure, Minerve protégeant le fils de Napoléon en sculpture, la reine Hortense en marbre par Pradier, Murat dressé en pied par Gros avec ses chamarrures d'écuyer de cirque. Des débutants intéressants se font remarquer:

Ingres avec un tableau qui a pour devise : *Tu Marcellus eris* (Saisissez-vous l'allusion ?); Géricault avec un officier de chasseurs chargeant.

Houdon reste fidèle au passé, avec son *Voltaire* si narquois et si décharné, qui est comme le squelette ricaneur et vivant encore du dix-huitième siècle défunt.

Donc la vie suit son cours régulier. Il paraît solide, le château de cartes, quand tout à coup un éclair brille dans le ciel serein. Ce n'est pas la déclaration de guerre à la Russie que je veux dire. On n'est que trop habitué à la guerre. Non, c'est en plein Paris que l'orage éclate.

Le matin du 23 octobre, à quatre heures, le colonel commandant la caserne Popincourt voit pénétrer un général en grande tenue, escorté d'un officier d'ordonnance et d'un commissaire ceint de son écharpe tricolore.

Le général déclare que l'empereur est mort en Russie, que la République a été proclamée par le Sénat. Il lit aux troupes des papiers officiels qui annoncent la formation d'un Gouvernement provisoire; il donne au colonel un bon de 100.000 francs, et lui confère un grade supérieur.

Les soldats se taisent abasourdis, suivent le général à la prison de La Force, où l'on délivre en passant deux autres généraux; de là on se rend à l'Hôtel-de-Ville, où le préfet de la Seine, Frochot, se hâte de faire préparer une salle pour la réunion du nouveau Gouvernement; puis à la Préfecture de police, où l'on arrête le préfet et le ministre Savary, qu'on envoie remplacer à La Force les généraux mis en liberté.

Reste « la place », le siège du pouvoir militaire, et, si l'on s'en empare, on sera maître de Paris. On s'y présente, mais le général Hulin, qui la commande, a des soupçons. Il résiste. Un coup de pistolet lui fracasse la figure, ce qui lui vaudra le surnom de Bouffe-la-Balle. Seulement on accourt au bruit; le chef qui conduit le détachement est saisi, bâillonné, et l'on s'aperçoit que l'on a été dupe d'un audacieux aventurier, que rien n'est vrai dans ses nouvelles, dans ses proclamations. Tout est démenti, réparé. A 3 heures de l'après-midi tout est rentré dans l'ordre.

Cette étrange tentative est ce qu'on a nommé la conspiration du général Mallet. Elle est le prototype de mainte conjuration militaire, en particulier (ô ironie de l'histoire !) des équipées de Strasbourg et de Boulogne où le futur Napoléon III fit son métier de prétendant, comme de l'amusante mystification dont le savetier de Kopenick a récemment régalé l'Allemagne.

C'est un drame de cape et d'épée, un drame suivant la formule romantique, où se marient curieusement le terrible et le grotesque.

Comme détails comiques : la prestigieuse vertu de l'uniforme, qui, sans qu'on sache qui le porte, suffit à authentiquer le mensonge, si bien qu'il sera désormais défendu aux fripiers de garder chez eux des costumes de général, de chambellan ou de sénateur; la docilité moutonnière du pauvre Frochot, fonctionnaire modèle qui est le serviteur dévoué de tout gouvernement, quel qu'il soit; l'évasion de Mallet, qui sort paisiblement de la maison de santé où il était détenu en compagnie de l'abbé Lafon, agent des Bourbons, de façon qu'on ne saura jamais s'il travaillait pour la république ou la monarchie; la réunion des conjurés dans un taudis de l'impasse Saint-Pierre, au Marais, où le caporal Rateau arrive, tout nu, en fiacre, ayant noué dans sa chemise ses vêtements qu'il va échanger contre des habits de lieutenant d'état-major.

Risibles encore, la déconvenue du préfet de police, qui, une fois sorti de la prison où on l'a coffré, est méconnu, maltraité par les soldats qui ont été laissés à la garde de la Préfecture et le prennent pour un rebelle; la peur de l'archichancelier Cambacérès, qui, malade d'émotion, se barricade dans son hôtel et n'ose plus mettre le pied dehors; la légèreté de l'impératrice, qui, oublieuse de Marie-Antoinette, s'écrie avec une inconscience admirable : « Que voulez-vous que l'on puisse faire à la fille de l'empereur d'Autriche ? »; la bévue de la police, qui reconnaît formellement l'abbé Lafon en la personne d'un pendu trouvé dans la forêt de Fontainebleau, pendant que celui-ci court gaillardement la campagne.

Singulier hasard ! Deux des grands poètes du siècle ont effleuré les personnages de ce vaudeville tragique. Victor Hugo a eu pour parrain Lahorie, un des généraux compromis qui s'était longtemps caché dans le fameux jardin des Feuillantines. Lamartine a connu plus tard, en Suisse, à la Chaux-de-Fonds, l'abbé fugitif, qui aux Cent Jours forma, à lui tout seul, un soi-disant corps d'armée contre le revenant de l'Ile d'Elbe.

Mais le sang coule sur ces gaîtés. Mallet est traduit devant une Commission militaire avec les officiers qui se sont innocemment laissé prendre à la glu de ses paroles. Pendant les débats, qui sont courts, il a des mots qui portent comme des balles. On veut savoir ses complices; il répond : « La France entière, l'Europe, et vous-mêmes, si j'avais réussi. » On lui demande ce qui lui a suggéré l'idée de son dessein : « Le Dix-huit Brumaire. »

Sur vingt-quatre prévenus, quatorze sont condamnés à mort, conduits dans la plaine de Grenelle, fusillés le 30 octobre. Mallet commande lui-même le feu, et à l'un de ses compagnons de hasard qui crie en mourant : Vive l'Empereur ! il dit encore : « Va, pauvre soldat, ton empereur a reçu, comme toi, le coup mortel. »

On dit qu'un château de cartes qu'il s'amusait à construire et que l'abbé Lafon renversa d'un souffle avait été le commencement de leur entente, l'emblême muet de leur désir commun. Napoléon effaré, revenu en toute hâte à Paris, s'écriait : « Un homme est-il donc tout, ici ? Les institutions, les serments, rien ? »

Vaines récriminations ! On aurait pu lui dire : — Oui, Sire, il en est ainsi. Tel est le péril de l'obéissance passive. Et là où le pouvoir est purement personnel, tout croule avec la personne — .

A son rappel des serments l'écho répondait : Brumaire. A son invocation tardive au Sénat et au Corps législatif, répondait ce mot qui est du temps et qui est, je crois, d'Andrieux : « On ne s'appuie que sur ce qui résiste. »

La Némésis, qui guette au tournant du chemin l'ambitieux sans scrupule et sans frein, tenait déjà son homme au collet.

FIN DE RÊVE

On ne subit pas impunément l'ivresse de
la victoire perpétuelle; et le vertige du pouvoir absolu n'est pas un mal imaginé à plaisir.

Napoléon (qui le croirait, si l'on n'en possé-
dait la preuve éclatante ?), ce grand manieur
d'hommes et de forces brutales, ce grand
réaliste dont les fumées du sentiment ne trou-
blèrent jamais la vision, devient, sur le som-
met où il est monté, un grand chimérique.
Cet implacable ennemi des « idéologues »,
atteint de la folie des grandeurs, se révèle
plus utopiste que pas un d'entre eux.

Ce n'est plus assez pour lui de ce gigantesque combat entre l'éléphant et la baleine,
entre l'Empire français et l'Empire britannique, qui ne peuvent se toucher qu'à leurs
extrémités; il veut entre les deux masses un
corps à corps.

Ce n'est plus assez pour lui d'être maître
d'une Europe frémissante qui commence à
trouver bien lourd le joug qu'on lui impose;
il parle à son alliée, la Russie, du ton dont il
commanderait à un laquais. « Il faut revenir

au système qui fut établi à Tilsitt, écrit en son nom le duc de Bassano, au mois de mars 1812, et que la Russie se replace dans l'*état d'infériorité où elle était alors*. »

En vain la moitié de ses troupes est-elle occupée, immobilisée en Espagne. En vain le nombre des réfractaires qui va croissant trahit-il la fatigue des peuples sur lesquels il règne. En vain des avis de prudence lui viennent-ils de ses frères et de ses familiers les plus dévoués.

Il fait songer, n'en déplaise à la majesté de l'histoire, au Picrochole de Rabelais. Vous savez les mirifiques projets de ce conquérant *in partibus*. Il divise ses soldats en deux corps. L'un soumettra le midi de l'Europe, le nord de l'Afrique, atteindra l'Asie où il trouvera, l'attendant, 200.000 chameaux et 16.000 éléphants; car on a donné ordre à tout; il traversera les déserts sans autre inconvénient que de n'y pas boire frais. L'autre, après n'avoir fait qu'une bouchée des légions de Grandgousier, va prendre à la course la Prusse, la Lithuanie, la Russie; le voici à Constantinople, d'où il rejoint l'autre armée. Le vainqueur, devenu empereur de Trébizonde, distribue royaumes et principautés. Après quoi il n'aura plus qu'à se reposer..., si le pot au lait qui porte ses espérances ne s'est pas cassé en chemin, ajoute un de ses conseillers.

Ainsi, Napoléon, causant au mois de mars 1812 avec M. de Narbonne, lui dévoile ses rêves de Titan qui ne connaît plus les limites du possible. On marchera sur Moscou : attirail, fourniture, 400.000 hommes, sans compter les réserves, sont échelonnés sur la route. Moscou pris, on marchera sur l'Inde; car là est le point vulnérable de l'Angleterre. On emmène avec soi les Russes vaincus, les Turcs alliés, les nomades qu'on s'adjoint en passant; déjà des agents secrets ont travaillé la Perse; on arrive sur les bords du Gange; la puissance anglaise est frappée au cœur, et l'on revient triomphant à Paris, capitale du monde.

Trois mois plus tard, la guerre était déclarée, et dans la proclamation qu'il adressait à ses soldats, se retrouve une phrase qu'il avait déjà dite à M. de Narbonne et à laquelle les événements devaient donner une saveur d'ironie tragique : « La Russie est entraînée par la fatalité; ses destins doivent s'accomplir. » Etait-ce bien hélas ! la Russie que la fatalité entraînait ?

Une armée de 640.000 hommes est réunie. Grande armée qui rappelle les inondations barbares, armée d'Attila où se coudoient races et nations; plus d'un tiers est formé de contingents non français. Oh ! il ne s'agit plus de ces héroïques bataillons de va-nu-pieds républicains qui défendaient leur patrie contre l'insolence des rois coalisés ! Elle marche encombrée d'une multitude de voitures où généraux et soldats entassent le butin fait ou à faire sur l'ennemi.

L'empereur a tout prévu, tout, sauf l'hiver, sauf la famine, sauf une tactique qui fait le vide et le désert devant lui, sauf les récoltes et les villes incendiées, sauf les alliés qui l'abandonnent et le trahissent, et, au premier rang, un Français devenu prince royal de Suède.

Je ne raconterai pas le désastre : on ne refait pas *L'Expiation*, de Victor-Hugo. Et qui donc a oublié la retraite lamentable de ces victorieux qui laissent derrière eux une interminable traînée de prisonniers et de cadavres; la débandade de ce troupeau, aujourd'hui englué dans la boue, demain dépeçant à coups de hache les chevaux morts changés en pierre par la gelée ou brisant sous ses pas les glaçons de la Bérésina; puis, sur les débris de ce qui fut la Grande-Armée, tombant et s'appesantissant, l'immense linceul de la neige, le profond silence du cimetière ?

A la fin de décembre, quand Ney repasse le Niémen avec quelques milliers de fantômes, l'Europe s'agite, les peuples mal soumis se réveillent; déjà le général York, chef du contingent prussien, a fait cette déclaration aux officiers qu'il commande : « L'armée française a été détruite par la main vengeresse de Dieu. L'heure est venue de recouvrer notre indépendance en nous réunissant à l'armée russe. » Et, en masse, officiers et soldats ont passé, d'enthousiasme, à l'ennemi.

L'homme de bronze, au sortir de la débâcle, s'est précipitamment rendu à Paris. A-t-il conscience de l'écroulement qui s'opère ? Il n'en laisse en tout cas rien paraître. Il ne consent pas à sa déchéance; il lève des hommes et encore des hommes. Et j'admets volontiers qu'on loue cette énergie, cette ténacité, cette lutte à outrance contre le destin, bien qu'elle soit menée surtout avec le sang d'autrui. « J'ai cent mille hommes de rente », disait-il cyniquement.

Mais je pense à ces vieux grognards, ivres de fatigue, brisés par le froid et la faim, qui, dans leur facilité à mourir et à tuer, sentent se glisser tout à coup une émotion, nouvelle pour eux, d'humanité, de tendresse, de regret, et qui, tels le grenadier Pils ou le sergent Bourgogne, se prennent à pleurer en songeant aux camarades, aux parents, à la femme restée au pays avec les enfants, à tout ce que représente la douce patrie lointaine.

Je pense au dégrisement, à la désillusion de ces soldats et de ces généraux, qui, sans demander où on les conduisait, sans savoir pourquoi ils se battaient, allaient hardiment de l'avant, hypnotisés par un chef, dont ils doutent maintenant, dont ils ne voient plus l'étoile, dont ils comprennent qu'ils sont les instruments passifs et les éternels sacrifiés.

Je pense aux familles demeurées en France, tremblantes d'inquiétude et d'angoisse, qu'on prive de nouvelles en interceptant les lettres qui viennent de Russie et dont pas une peut-être ne sera épargnée par la disparition de quelque être cher qui ne reviendra jamais, jamais.

Je pense à l'anémie de la France, vidée de sa jeunesse par tant d'hécatombes humaines, réduite pour maintenir la race, par une sorte de sélection à rebours, aux infirmes et aux débiles qui n'ont pas été reconnus bons pour le service, et je me demande si l'on ne doit pas signaler là l'origine première de ce lent dépérissement, de ce déclin dans la natalité qui frappe et trouble si fort les observateurs d'aujourd'hui.

Je pense aux semences de haine qui ont été si abondamment répandues sur le sol de l'Europe par tant de guerres, de pillages, d'extorsions et d'annexions impériales, et qui vont germer, grandir, s'épanouir, pendant près d'un siècle, sur les champs de bataille trempés de sang, sur les ruines des villages détruits ou des villes brûlées.

Je pense à la triste interversion des rôles par laquelle les nations se dressent, au nom de leur indépendance et de leur dignité, contre la France qui a proclamé le droit des peuples à être et à se gouverner eux-mêmes, et qui, abandonnant la Finlande et la Pologne, foulant aux pieds la Hollande et l'Espagne, est devenue par ses actes la négation même de ses principes.

Je pense au singulier jeu de bascule qui fait éclore outre-Rhin des *Marseillaises* germaniques à l'exemple et à l'encontre de celle qui naquit en France de l'invasion allemande, et par lequel se préparent, au profit de la Prusse, la revanche d'Iéna et l'érection d'un autre Empire fondé sur la violence.

Et malgré la rouge auréole dont l'éclat de tant de victoires nimbe le front du conquérant, malgré l'admiration que méritent son génie militaire et sa puissance de volonté, je ne puis que confondre dans une pitié, où le chagrin et la réprobation se mêlent à doses égales, et l'ambition insatiable du guerrier fou d'orgueil et la sottise des peuples qui s'abandonnent aux bras d'un prétendu sauveur.

Principaux ouvrages consultés pour l'année 1812:

Journal de marche du grenadier Pils. — BÉRANGER, *Ma biographie*. — *Le Journal de l'Empire*. — DRIAULT, *Revue des études napoléoniennes*. — LAMARTINE, *Des destinées de la poésie*. — H. ROUJON, *En marge* (dans « Le Temps). — ERNEST DENIS, *L'Allemagne*. — LANZAC DE LABORIE, *Paris sous Napoléon*. — TH. MURET, *L'Histoire par le Théâtre*. — FR. MASSON, *Napoléon et les femmes*. — SAINTE-BEUVE, *Lundis* (articles sur Frochot, Rœderer, de Fezensac, etc.). — ALFRED RAMBAUD, *Histoire de la civilisation contemporaine*. — GASTON STIEGLER, *Le maréchal Oudinot*. — PAUL BROUSSE et HENRI TUROT, *Consulat et Empire* (t. VI de l'Histoire socialiste). — MARCEL FRAGER, *A la barre de l'histoire*. — LENÔTRE, *Vieilles maisons, vieux papiers* (2ᵉ série). — THURSTON, *Histoire de la machine à vapeur*. — E. LEVASSEUR, *Histoire des classes ouvrières et de l'industrie en France de 1789 à 1870*. — DELÉCLUZE, *Louis David*. — MERLET, *Tableau de la littérature française* (1800-1815). — CH. GIDEL, *La littérature française*. — EMILE FAGUET, *Etudes littéraires sur le XIXᵉ siècle*. — HATIN, *Histoire politique et littéraire de la presse en France*. — EDOUARD GUILLON, *Napoléon et la Suisse*, etc.

1837

1837

COUP D'ŒIL D'ENSEMBLE

———

— Nous voulons tracer ici le portrait du dix-
neuvième siècle à quatre époques de son existence. Nous franchirons donc d'un saut vingt-
cinq ans, espace considérable dans la vie d'un
homme et même d'une nation.

Quel changement ! Adieu le grand bruit
d'armes qui avait étourdi l'Europe ! Oh ! sans
doute, la paix ne règne point partout sur la
terre,

> Semant de l'or, des fleurs et des épis.

Elle n'a pas encore sonné à l'horloge du
temps, l'année heureuse où, sur tous les points
de notre petit globe, les peuples auront cessé
de s'entr'égorger !

Mais les tueries sont modérées, obscures,
lointaines. On se bat au Canada, dans l'Amérique du Sud, dans l'Afrique du Nord. On
traite avec Abd-el-Kader ; on prend d'assaut
Constantine ; mais on se demande, si l'on

abandonnera la conquête de l'Algérie. — C'est une école de patience, dit Guizot. — C'est une école de guerre, réplique Thiers. — C'est en tout cas une école, conclut le duc de Broglie.

Le temps n'est point aux visées belliqueuses. Le roi Louis-Philippe, qui remplace Napoléon aux Tuileries, « n'aime pas la gloire ». La France bourgeoise est comme lui. Tantôt Guizot fait les doux yeux, tantôt Thiers fait les gros yeux aux autres puissances. Mais l'on ne va pas plus loin; on n'est guère friand de batailles qu'en sculpture, sur l'Arc-de-Triomphe qu'on vient d'inaugurer; en peinture, au château de Versailles, dont le musée tout flamboyant de tableaux guerriers fait dire aux visiteurs : — L'oiseau ne vaut pas la cage —; ou encore en représentations théâtrales, qui, pour fêter un mariage princier, ne trouvent à l'actif du nouveau régime que l'*Attaque de la citadelle d'Anvers*.

Il n'est pas rare alors de voir des colonels et des officiers qui font du plumetis, de la broderie, de la tapisserie, comme à la cour coquette du roi Louis XV. La garde nationale, loin de rêver plaies et bosses, estime qu'il est déjà dur de monter sa faction la nuit, et un génial inventeur, pour l'abriter contre les intempéries, imagine un fusil qui peut se couronner d'un parapluie tricolore et qui figure, pieusement conservé, au musée Carnavalet.

En somme une année pacifique, qui n'éveille

point de rouges visions d'incendies et de carnages. Une époque où les problèmes de la politique intérieure ont le pas sur ceux de la politique extérieure.

Cependant une sourde trépidation prolonge les vibrations de la grande secousse révolutionnaire qui a bouleversé le début du siècle. Si le Japon et la Chine s'obstinent encore à se fermer aux idées et aux produits de l'Occident, toutes les nations d'Europe et d'Amérique tendent à l'indépendance comme à la liberté. Le principe de nationalité, qui groupe les gens de même langue, fait son chemin par le monde.

L'Allemagne nouvelle, qui est toujours, pour Michelet, le pays de la petite fleur bleue, des doux rêveurs, des philosophes et des érudits inhabiles à l'action, apparaît à Quinet, mieux informé, comme très positive, conquérante, avide d'être une force. Et de fait elle prépare son unité monétaire et politique par des unions douanières; elle jette des regards de convoitise sur l'Alsace et le Slesvig.

L'Italie morcelée, où des Français et des Autrichiens protègent le pape contre ses sujets, où le duc de Toscane mérite le surnom de « Morphée Toscan », rêve de sa résurrection et de l'expulsion des étrangers. Elle est calme; mais, dit Lamennais, « c'est la paix du berceau, et non de la tombe ».

Elle s'apitoie sur les souffrances de Silvio

Pellico, prisonnier de l'Autriche; elle se glorifie des triomphes de Rossini, de Donizetti, de la Pasta, de Rubini, de la Malibran; et, parmi ceux de ses enfants qui travaillent à l'avenir, les uns, nouveaux guelfes, comme Tommaseo, comptent sur un pape réformateur pour la régénération italienne; les autres, comme Mazzini, organisent, dans les loisirs de l'exil ou dans l'ombre des sociétés secrètes, des complots patriotiques et républicains. Une explosion populaire en Sicile, où, à propos de choléra, l'on massacre de prétendus empoisonneurs de sources, trahit la fermentation qui couve dans les cœurs.

L'Autriche, que les Polonais inquiètent, la Russie, qui boude Louis-Philippe, le roi des barricades, essaient d'allonger leurs tentacules du côté de Constantinople et des Balkans. La question d'Orient est pour longtemps le casse-tête des diplomates.

L'Espagne se débat disputée entre carlistes et libéraux. La Suisse, refuge des proscrits, résiste aux menaces du gouvernement français qui oublie que, parmi les réfugiés dont il réclame l'expulsion, se rencontre un agent provocateur envoyé par lui-même.

L'Angleterre est alors le pays qui tient la tête. Au point de vue économique, elle est en avance sur le continent, d'une quinzaine d'années au moins. Au point de vue politique, elle est une quasi-république aristocratique présidée par un souverain héréditaire; et le fait qu'une jeune fille, Victoria, est appelée en 1837 sur le trône, par la loi de succession, y renforce cette idée que le monarque règne et ne gouverne pas.

Elle est troublée par une profonde agitation ouvrière, qui, après avoir vainement revendiqué la journée de huit heures, éteint le gaz à Londres, organisé de formidables manifestations et une confédération générale des travailleurs, essaie une tactique nouvelle, cherche, avec les radicaux et les chartistes, à obtenir par l'action parlementaire ce qu'elle n'a pu arracher par l'action directe.

Elle est aussi en proie à la question irlandaise. O'Connell, l'entraîneur des foules, a soulevé des compassions ardentes en faveur de l'Irlande, qui veut avoir son autonomie, et qui partage avec la Pologne, magnifiée par Mickiewicz, les sympathies attendries des catholiques et des révolutionnaires pour les nations martyres. Et pourtant, malgré tout, c'est une ère de longue prospérité qui commence pour le Royaume-Uni de Grande-Bretagne, où la réforme électorale a été un pas notable vers la démocratie.

La France, elle, en est déjà à l'entente cordiale avec l'Angleterre, dont elle suit l'évolution. C'est peut-être la période la plus anglaise de son histoire. Elle a comme sa rivale, devenue son amie, une Chambre haute et une

Chambre basse, un régime censitaire, une monarchie constitutionnelle, des ambitions coloniales; elle adopte l'esprit utilitaire, pousse au développement du commerce et de l'industrie, emprunte à sa voisine machines, chemins de fer, paquebots, courses de chevaux, le nom du parti *radical*, des théories économiques et sociales.

L'anglomanie sévit à Paris dans tous les domaines. Le thé, le *bifteck*, les viandes grillées entrent décidément dans les habitudes françaises. Les élégants s'appellent des *dandies*; s'ils ne se font pas encore blanchir à Londres (où d'ailleurs les meilleures blanchisseuses sont parisiennes), ils se piquent d'être *fashionables* et ont des *grooms* pour les servir. Des *cabs*, des *tilburys*, des *milords* (que le diable soit des mots anglais, comme dit un oncle de comédie!) cheminent sur les boulevards où le *macadam* apparaît. La mode masculine part de Londres, comme la mode féminine de Paris, où les dames portent toutefois de longues boucles qui s'intitulent des *anglaises*.

Les maisons de jeu, qualifiées de tripots, seront fermées le 31 décembre 1837 à minuit; mais elles renaissent, plus dissimulées, sous la forme britannique de cercles et de *clubs*. Un des personnages favoris du carnaval parisien, lors de la fameuse descente de la Courtille, où hurle et se rue une cohue échevelée, porte le sobriquet significatif de *Milord Arsouille.*

En littérature, Lamartine pourrait prendre rang parmi les *lakistes.* Musset est parfois surnommé *Miss Byron.* Les Jeune-France, croyant ainsi être byroniens, se donnent un air cadavéreux et fatal, font du *punch* dans des crânes et se proclament les amoureux de la mort. Maquet devient, pour les profanes, *Mac-Keat,* et Théophile Dondey, *Philothée O'Neddy.*

L'*humour,* qui secoue les nerfs, se substitue à l'esprit, qui est le bon sens aiguisé. Le poétique suicide du *Chatterton* de Vigny fait couler des flots de larmes. Shakespeare est enfin, pour les romantiques, le dieu que l'on doit adorer, admirer comme une brute. Ophélie, Juliette, Othello inspirent les musiciens comme les peintres, et Delaroche, l'artiste préféré de la société bourgeoise, représente Charles Ier, Strafford, les Enfants d'Edouard.

La France, dans son large pardon des anciennes offenses, se laisse aller aussi à *flirter* avec l'Allemagne. C'est le roi de Prusse qui s'entremet pour faciliter le mariage du duc d'Orléans avec une petite princesse de Mecklembourg. Cette même année, la fille du roi de France épouse un duc de Wurtemberg; et des fêtes, où l'on admire les cadeaux envoyés par la reine d'Angleterre, célèbrent ces épousailles franco-germaniques.

Mais vingt-deux personnes périssent étouffées dans ces réjouissances, et les gens qui ont
de la mémoire rappellent qu'il se produisit
une catastrophe semblable lorsque le dauphin,
destiné à devenir Louis XVI, épousa Marie-
Antoinette.

Mauvais présage ! clament les prophètes.
Ce qui n'empêche pas cette année, terne et
grise en apparence, d'être le moment le plus
brillant du règne de Louis-Philippe. Si les
faits d'armes et les grands événements y sont
rares, les œuvres de la paix y font honneur,
comme nous le verrons, aux ingénieurs, aux
artistes, aux écrivains, qui ont pris dans la
faveur du public la place des généraux et
maréchaux.

L'AGE D'OR
DE LA BOURGEOISIE

———

Quand on prête l'oreille aux bruits qui montent de la France de Louis-Philippe, c'est un tintement de gros sous comptés et re-comptés qui prédomine. Le règne de l'argent atteint son plein épanouissement. Le souci des intérêts matériels, respectable quand il n'est pas exclusif, prime tous les autres dans la classe dirigeante.

Le roi donne l'exemple. C'est un bourgeois, gros propriétaire, qui se préoccupe d'arrondir sa fortune et de bien établir ses nombreux enfants. Ses fils sont élevés au collège royal Henri IV, comme ceux du premier bourgeois venu, et l'un d'eux, le duc d'Aumale, a même, en 1837, un prix d'histoire au Concours général. Pour un autre, le duc de Nemours, il demande un apanage; pour ses filles qu'il marie, des dotations; pour le prince héritier, une augmentation de liste civile.

En vain lui rappelle-t-on que la sienne

comporte déjà 12 millions; que la République a payé 40 millions de dettes faites par son père; que Louis XVIII a restitué à sa famille les biens confisqués sur elle par la Révolution et que Charles X lui a donné part au milliard des émigrés; que son titre nouveau de roi des Français met à sa disposition les tapisseries et les joyaux du garde-meuble, et quantité de châteaux, sans compter le parc Monceau, le parc de Neuilly, le Bois de Boulogne et le Bois de Vincennes, les forêts de Sénart et de Rambouillet, qui lui appartiennent en propre; en vain lui fait-on remarquer, dans un pamphlet qui a 24 éditions en quelques semaines, qu'avec le prix d'un seul de ces domaines il pourrait fonder nombre de bibliothèques populaires et d'hospices, nourrir 30.000 sans-travail pendant deux mois, assurer une pension de 100 francs à 5.000 soldats invalides, durant cinq ans; il s'obstine, au grand dommage de son prestige, dans son attitude de capitaliste à l'engrais et de mendiant doré.

Ses sentiments artistiques sont à l'avenant de ses goûts économes. Rien de plus laid, de plus mesquin que son ameublement. Et pour les grands écrivains qui honorent son règne, il a parfois des incompréhensions dignes de ce Joseph Prudhomme dont Henry Monnier crée alors l'épaisse et béate personnalité. A Musset, qui lui a dédié un sonnet après un des innombrables attentats auxquels il a échappé, il ne pardonne pas de l'avoir tutoyé en vers et il n'arrive pas à distinguer le poète, d'un autre Musset qui est conservateur des eaux et forêts.

La classe moyenne est à l'image du souverain. Elle épargne, elle entasse; elle a le plus profond dédain pour l'artiste, qui le lui rend; elle a le plus insolent mépris pour l'ouvrier, qui commence à le lui rendre en haine. Après l'instant de révolte commune, qui a réuni blouses et redingotes sur les barricades de 1830, elle a rompu ouvertement avec le peuple, et, maîtresse du pouvoir, elle développe, sans pitié ni scrupule, le principe ploutocratique.

Place aux riches ! Eux seuls sont éligibles, électeurs, jurés, gardes nationaux. 200.000 propriétaires et patentés forment « le pays légal ». Eux seuls ont le droit de prendre part aux affaires publiques. Quant aux autres, qu'ils s'enrichissent, s'ils peuvent, ou qu'ils aillent à la prison pour dettes; et, en attendant, qu'ils paient les impôts, dont le vote ne les regarde pas, mais dont le système est calculé de façon à faire retomber leur principal poids sur les pauvres ! Qu'ils paient surtout l'impôt du sang, puisque avec quelques centaines de francs les « *fils de famille* » (c'est à croire que les enfants du peuple n'ont pas de famille) peuvent s'acheter des remplaçants, au cours qui s'est établi en France pour la vie humaine !

Les travailleurs ne peuvent pas plus s'asso‧
cier que voter. Au dire de Guizot, ils ont des
instincts révolutionnaires qu'il faut réprimer,
des velléités égalitaires qu'il faut entraver.
Heureusement que le travail est pour eux
« un frein ». Et, pour le renforcer, toute
société comprenant plus de 20 personnes est
interdite et dissoute; ses membres sont punis
de l'amende et de l'emprisonnement, et, en
cas de récidive, placés sous la surveillance de
la haute police.

Comme il est naturel, l'argent, qui fait les
électeurs, fait aussi les élus. Les élections
deviennent des opérations commerciales. Les
voix se vendent comme toute autre marchandise. On sait l'histoire de ce candidat qui
parie 20.000 francs avec un de ses électeurs
influents qu'il ne sera pas élu, et qui réussit
à gagner le siège en perdant le pari. Les
ministres trempent dans ce trafic de consciences. Guizot, l'austère, sera un corrupteur
incorruptible. Ses collègues et lui se compo-
sent ainsi des Chambres de valets et de fonctionnaires, qui leur créeront le dangereux
mirage d'être soutenus par la majorité de la
nation.

On leur offre le moyen d'élargir et de consolider la base étroite et fragile sur laquelle
repose le régime. On leur demande d'agrandir
progressivement le nombre des électeurs. Les
républicains (qui s'en douterait, à entendre

quelques-uns de leurs arrière-neveux ?) vont même jusqu'à réclamer, par la plume de Louis Blanc, la représentation proportionnelle des minorités.

Mais fi donc ! Quel est le parti, en France, qui, étant au pouvoir, consent à n'en pas abuser; à laisser leur juste part aux autres groupes de citoyens ? La réforme électorale est écartée. Seulement, dès le 28 avril 1837, le *National*, constatant qu'il n'est plus permis de parler de la République, écrit ces lignes prophétiques: « Toutes les oppositions réelles doivent se concentrer sur le terrain que la loi leur permet d'aborder, et combattre pour la souveraineté du peuple sous le drapeau de la réforme électorale. *Hoc signo vinces.* » — « Vive la réforme ! » c'est déjà le mot d'ordre de la future révolution.

Cette volonté de maintenir à la classe moyenne ce que Guizot appelle « sa mission de gouverner » se retrouve dans les théories qui ont la faveur officielle. Au Collège de France, Rossi; au Conservatoire des Arts et Métiers, Adolphe Blanqui, l'Abel du Caïn révolutionnaire, professent une sage économie politique dont le *laissez-faire, laissez-passer, laissez-mourir* est pleinement conforme aux intérêts de la bourgeoisie régnante. Parmi les saint-simoniens désormais divisés, Michel Chevalier et Jules Lechevalier se prononcent âprement contre l'égalité, la frater-

nité, la souveraineté du peuple ou déclarent
« que la royauté doit représenter les classes
inférieures ».

L'instruction populaire, malgré un effort
honorable en 1833, demeure négligée, mal
dotée, métier de meurt-de-faim; celle des
filles est abandonnée à l'Eglise. Quand par
hasard un grand savant, tel François Arago,
insinue à la Chambre que la connaissance du
grec et du latin n'est point nécessaire pour
faire un homme distingué, voire un grand
écrivain, on a si grand peur de voir disparaître la ligne de démarcation établie entre
les classes sociales par l'enseignement des
langues mortes, que pareille allégation fait
scandale. Et comme Arago riposte en citant
l'exemple d'une femme, de George Sand, un
député trouve cet argument triomphal, qu'elle
a écrit sous un nom d'homme.

Mais où la crainte de voir ébranler sa
puissance est le plus visible chez la classe
moyenne, c'est dans sa conduite à l'égard de
la presse. Le gouvernement bourgeois s'est
hâté de la mettre sous le boisseau. Les lois
de septembre 1835 ont maintenu le droit de
timbre, augmenté le taux du cautionnement,
ce qui peut se traduire par le mot que pro-
noncera plus tard Lamennais : « Silence aux
pauvres ! » Elles ont rendu passible de pénalités rigoureuses quiconque excite à des complots contre l'Etat, tente l'apologie de faits

qualifiés crimes, outrage le roi, attaque le principe du gouvernement.

Une partie de la presse libérale se fait alors conservatrice. Le *Journal des Débats*, traître à la cause de la liberté, est appelé couramment *Journal des Judas*. La *Revue des Deux-Mondes*, qui a eu des débuts hardis, qui a imprimé du George Sand et du Pierre Leroux, qui a même été en querelle avec les *Débats* où elle a été qualifiée de « revue obscure et médiocre », se repent de ses hardiesses et entre pour longtemps au nombre des forces de résistance.

Pour les journaux plus indépendants les lois répressives ne restent pas lettre morte. Le *Charivari* est traduit en justice pour outrage à la famille royale, parce qu'il a reproduit les allégations de Cormenin, le pamphlétaire qui signe *Timon*. Le journal a toutefois un ennemi plus à craindre que le gouvernement : c'est lui-même.

Lui aussi subit la pression de l'argent et devient mercantile. Il ne se borne point à amorcer les lecteurs par l'appât de feuilletons dramatiques, tel que celui de la *Presse,* où Théophile Gautier se représente,

Dans le bas du journal, comme un dogue, accroupi.

Il ne se borne pas même à séduire les lectrices par l'attrait du roman-feuilleton, où Dumas triomphe avec *Les trois mousque-*

taires, et Frédéric Soulié avec *Les Mémoires du diable.*

Emile de Girardin, que ses ennemis affectent d'appeler Emile Lamotte ou M. de Blaguardin, vient, en multipliant les annonces, de créer la presse à bon marché. Création mêlée de bien et de mal !

C'est l'éducation politique mise à la portée des petites gens; l'information, voire la littérature, pénétrant dans des couches sociales qui leur étaient fermées; la publicité accélérant le va-et-vient de l'échange entre acheteurs et vendeurs. C'est aussi la main-mise de la finance sur la pensée; la vénalité se glissant dans les bureaux de rédaction; la réclame impudente vantant des produits médiocres ou malsains; l'autorité du journal compromise, parce qu'il n'est plus l'organe d'un groupe d'hommes ayant même opinion, mais l'entreprise d'une société d'actionnaires.

C'est encore la course aux abonnés, où l'on lutte à coups de crimes, de scandales, d'amusettes, de nouvelles fausses ou gonflées en tire-l'œil. *L'Epoque,* d'un format qui paraît alors gigantesque, prétend à être une encyclopédie quotidienne et ne réussit qu'à mourir vite. La *Presse,* qui coûte 40 francs, a bientôt 20.000 abonnés; le *Siècle* en a 38.000; les *Débats,* qui restent à 80 francs, combattent désespérément, se résignent à faire appel au roman-feuilleton, sans pouvoir s'étendre au delà de la bourgeoisie riche et lettrée.

La transformation qui se produit de la sorte est grosse de conséquences. Elle implique un certain abaissement des caractères, une décadence morale. Mais elle correspond (qui ne le voit ?) à une évolution générale de la société.

LES PARTIS POLITIQUES
ET RELIGIEUX

Elle est ardente et confuse, la mêlée des opinions en cette époque qui, à distance, nous semble si tranquille !

A ne regarder que le Parlement, des Chambres de tout repos; une majorité forte, trop forte même; car, suivant l'ordinaire en pareil cas, elle se divise et s'émiette. Au ministère, un va-et-vient régulier comme un pendule entre le centre droit et le centre gauche, entre ceux qui soutiennent Louis-Philippe *parce que Bourbon,* et ceux qui le défendent *quoique Bourbon.* Comme le dira plus tard un satirique :

> Ça! Thiers vous déplaît?
> Bien! Guizot est prêt.
> Un coup de bascule et le tour est fait.
> Guizot vous déplaît?
> Eh bien! Thiers est prêt.
> Un coup de bascule et le tour est fait.

Pourtant, en 1837, dans ce jeu de balançoire, un troisième joueur se glisse : le roi lui-même, qui veut avoir sa politique personnelle. Molé, qui est premier ministre, est son homme, et alors, oublieuses de leur rivalité, les ambitions déçues se coalisent pour le combattre. Les partisans de la monarchie orléaniste sont ainsi des premiers à lui porter des coups sourds qui l'ébranlent et préparent sa chute.

En dehors de ces révolutionnaires sans le savoir se tiennent, boudeurs et méprisants, les fidèles du drapeau blanc. Ils ne pardonnent pas à la branche cadette d'avoir usurpé la place de la branche aînée; ils s'indignent, lorsque Charles X meurt en exil cette année même, de constater que la cour de son cousin et successeur ne daigne pas seulement prendre le deuil.

Ils ne forment pas dans le Parlement une opposition redoutable. Seule, la grande voix de Berryer y dit parfois les regrets et les espérances tenaces des vaincus de 1830. Mais dans le faubourg Saint-Germain et dans les châteaux de province, la vieille noblesse fait à la jeune dynastie une guerre d'épigrammes et de taquineries; et même quelques réactionnaires hardis, comme Chateaubriand, laissent entendre que, s'il faut choisir, mieux vaut, en sautant par-dessus un régime bâtard, passer d'un principe à un autre, de la royauté de droit divin à la république de droit populaire.

Plus bruyants, plus casse-cou sont les bonapartistes. Louis-Napoléon vient d'essayer à Strasbourg son premier coup de main militaire ; on l'a arrêté, gracié, expatrié en Amérique; mais, sottement, le gouvernement veut punir les complices, quand il a mis en liberté le principal coupable, et il n'obtient du jury qu'un verdict d'acquittement qui condamne cette étrange politique.

Pauvre politique, en effet ! Le prince-aventurier revient très vite dans le vieux monde, parce que sa mère, la reine Hortense, exhale alors en Suisse son âme légère, et le danger se retrouve aux portes de la France. Il est au cœur même du pays, et le gouvernement semble prendre plaisir à l'aggraver. Il conspire à gonfler la légende napoléonienne; il vient d'inaugurer l'Arc-de-Triomphe; il songe à ramener les cendres de celui que ses dévots appellent « le martyr de Sainte-Hélène ».

Il a du reste pour complices des historiens comme Thiers, des chansonniers comme Béranger, de grands lyriques comme Victor Hugo et Quinet, d'anciens grognards qui, au village surtout, entretiennent le culte de l'idole sanglante. Presque seuls parmi les grands poètes du temps, Lamartine et Auguste Barbier refusent leur encens au grand tueur d'hommes, à l'empereur fétiche. Mais la foule, par un monstrueux contre-sens, révère dans le « Corse à cheveux plats » une incarnation de la France, dans le despote à la main de fer un ami de la liberté, dans le général qui a traîtreusement étouffé la République un Robespierre à cheval. La napoléonite couve dans les campagnes françaises comme une maladie contagieuse à marche lente et sûre.

A côté de ceux qui regardent en arrière, voici ceux qui regardent en avant. Les uns acceptent le roi, à condition qu'il ne gouverne pas, et ils veulent des réformes profondes; ils s'intitulent *radicaux*, d'un nom qu'ils empruntent aux Anglais; leurs chefs sont Odilon Barrot, Duvergier de Hauranne. Les autres croient la France assez majeure pour se passer de monarque; ils sont orientés vers la République.

L'année 1837 voit se conclure une alliance électorale entre radicaux et républicains, à la grande indignation de Léon Faucher, qui fulmine dans la *Revue des Deux-Mondes* contre cet assemblage immoral, et la conséquence est qu'à la Chambre le petit groupe républicain, composé jusqu'alors de Garnier-Pagès et de Cormenin, comprend désormais Michel de Bourges et Martin de Strasbourg.

C'est le symptôme d'une évolution qui pousse à la fois les esprits vers les partis avancés, et ces partis mêmes vers les méthodes légalitaires. Les républicains, dans les années précédentes, ont été mis, en quelque façon, hors la loi. On a dissous leurs associations, interdit à leurs journaux la discussion du principe monarchique, emprisonné ou forcé leurs chefs Godefroy Cavaignac, Cabet, Marrast de s'exiler en Angleterre. Les fruits naturels de cette compression ont été des émeutes, des complots de sociétés secrètes, des attentats régicides. Mais, en cette année, le gouvernement semble vouloir essayer d'une tactique plus douce.

Une amnistie est votée en mai, pour rallier des sympathies aux nouveaux mariés, les futurs héritiers de la couronne. Les exilés reviennent. Raspail, l'adversaire acharné de la Faculté de médecine et de la police, n'habite point son domicile ordinaire, la prison. Blanqui, qui cesse quelques mois d'être l'Enfermé, vit avec sa femme et son enfant sur les bords de l'Oise, interné dans une maisonnette à volets verts et à jardinet fleuri; mais, dans ce milieu d'idylle, l'incorrigible conspirateur organise déjà la *Société des Saisons*, qui n'a d'idyllique que son titre. Barbès, libéré lui aussi, publie sa brochure : *Quelques mots à ceux qui possèdent, en faveur des prolétaires sans travail*, et, s'il est acquitté pour l'avoir écrite, il est condamné de nouveau pour avoir mal répondu au procureur du roi.

La classe dirigeante sourit de ces chimériques et Musset est bien son porte-parole, quand, faisant le prophète (un rôle qui ne lui

va guère !) il écrit avec une belle assurance :
« Est-ce à nous qu'on propose un président
civil, à nous qui portons encore sur les
épaules les marques du pavois impérial ?
Est-ce chez nous qu'on veut élire ces despotes
éphémères qui règnent un ou deux ans ?...
Est-ce à nous qu'on propose les langes de
New-York ou la tunique trouée de Lacédé-
mone ? » O vanité des prophètes du passé,
qui crient sans relâche à l'utopie !

La question sociale, qui, comme une lame
de fond, commence à soulever la société, leur
réserve bien d'autres mécomptes. Elle tend
dès lors à opérer entre républicains mêmes
une séparation. Les uns ne veulent que des
réformes politiques; les autres les veulent
augmentées de réformes économiques. Jusqu'à Lamartine, qui, cherchant sa voie, fait
l'apologie des utopistes et fonde ce qu'il
appelle le parti social, un parti vaguement
humanitaire et idéaliste dont il est à peu près
le seul membre, au point que, ne sachant pas
à la Chambre auprès de qui siéger, il dit
gaîment : — Eh bien, je siégerai au plafond.

D'ailleurs, dans la fermentation générale,
les plus bizarres accouplements d'idées sont
alors de mise. Cormenin est à la fois républicain, catholique et napoléonien. Laity, un
des officiers compromis dans l'équipée de
Strasbourg, s'écrie : « Je suis républicain et
je n'ai suivi le prince Louis Bonaparte que

parce que je lui ai trouvé des opinions démocratiques. »

*
* *

Cette confusion se retrouve en matière
religieuse.

Les catholiques se divisent en trois groupes.
Les uns demeurent attachés à l'antique alliance du trône et de l'autel; les autres ont
rêvé une Eglise rajeunie qui se mettrait à la
tête de la démocratie. Mais ils constatent avec
douleur une rupture irréparable entre ces
deux forces; Lamennais, condamné par le
pape, qui a déclaré les *Paroles d'un croyant*
scandaleuses, erronées et menant à l'anarchie,
écrit le 30 août : « Rome désormais n'a rien
à me dire et je n'ai rien à dire à Rome.
Chacun a sa voie providentielle où il faut
qu'il marche; une irrésistible puissance in-
terne nous conduit où nous devons aller. »
Et, suivant sa conscience et son destin, il va
droit à la République démocratique et lance,
en 1837, le *Livre du peuple,* et une brochure
sur l'*Esclavage moderne.*

Entre ces deux extrêmes louvoie le gros
de la troupe. Il se concentre, se serre autour
de la papauté. Plus de particularités natio-
nales! Le gallicanisme agonise; les évêques
et, plus encore, les chefs laïques, tels que
Montalembert, sont foncièrement ultramon-

tains. Mais, en se rangeant sous le drapeau pontifical, ils se rapprochent de la puissance régnante qui est la bourgeoisie.

La bourgeoisie a triomphé au nom de la liberté. Ils réclament, eux aussi, toutes les libertés, surtout celle de l'enseignement, dont la formule élastique, équivoque et dangereuse, est inscrite dans la Constitution de 1830. Au nom de la liberté, ils fondent des écoles, des journaux, des revues, des cercles, des sociétés de bienfaisance et d'apprentissage, des distilleries, des agences de remplacement militaire, de nombreuses congrégations de femmes. Derrière les lazaristes et les frères de la doctrine chrétienne, bénédictins, dominicains se reconstituent. Des jésuites, toujours officiellement supprimés en France et attaqués alors en Espagne, en Portugal, en Allemagne, quelqu'un pourra dire qu'on ne les voit nulle part, mais qu'on les sent partout.

Le gouvernement, sous la pression ambiante, fait concession sur concession aux catholiques. Il rend leurs subventions aux cardinaux, rétablit dans les tribunaux l'image du Christ, livre à demi l'enseignement.

Ce réveil catholique, qui est pour beaucoup dans les enthousiasmes que suscitent en ce temps-là l'Irlande et la Pologne, tient en bonne partie à la peur que le mouvement ouvrier inspire à la bourgeoisie, à ce que Veuillot appellera la peur rouge. Elle se dit avec Musset : « Lorsque autrefois l'oppresseur disait : — A moi la terre! — A moi le ciel, répondait l'opprimé. A présent que répondra-t-il ? »

Elle se prend à considérer la foi dans un monde meilleur comme une assurance pour ceux qui possèdent les biens et les joies de celui-ci. Elle se repent d'avoir été voltairienne; elle se presse au pied des chaires où Lacordaire, Ravignan, Dupanloup lui prêchent qu'il y aura toujours des pauvres et que la charité suffit à acquitter envers eux la dette des riches. La bourgeoisie se fait dévote comme l'Eglise se fait bourgeoise.

Des conversions éclatantes viennent attester cette renaissance intéressée de piété. Celle de Talleyrand fut presque un scandale. Le ci-devant évêque d'Autun, vieux diable devenu ermite, soumet à l'archevêque de Paris et adresse au pape la confession tardive de ses erreurs, ce qui ne l'empêche pas de mourir en disant : « Je souffre comme un damné. » — Déjà ! — ne pourra se retenir d'ajouter Louis-Philippe, qui connaît le personnage.

Mais si tous les néo-catholiques ne sont pas d'une sincérité parfaite, il faut reconnaître qu'il passe alors sur la France une vague de mysticisme dont tous les écrivains sont plus ou moins touchés, sauf peut-être Stendhal et Mérimée. Quand ils ne pratiquent pas un des cultes reconnus par l'Etat, ils flirtent avec le protestantisme, comme Sainte-Beuve; ils sont déistes comme Béranger, Michelet ou Louis Blanc; panthéistes comme Lamartine, George Sand et Pierre Leroux; et c'est ainsi que se forme cette religiosité vague et grandiloquente qui restera l'un des caractères saillants des hommes de 1848.

L'ESSOR ÉCONOMIQUE

Le temps est venu où l'industrie et l'industrialisme se développent en France de compagnie. De toutes parts grands remuements de capitaux; la danse des millions commence, et même les écus, jalousement enfouis jusqu'alors dans les bas de laine, se mettent à courir les aventures. Les sociétés anonymes par actions, quoique gênées encore par la loi, se multiplient. Une fièvre de spéculations et d'agiotage sévit sur le pays tout entier.

Et aussitôt cet appétit de lucre s'incarne en deux personnages qui deviennent les types les plus populaires du moment : Robert Macaire et son compère Bertrand. Ils se sont échappés d'un mélodrame qui eut la prétention d'être sérieux : *L'auberge des Adrets*. Mais Frédérick Lemaître a poussé à la charge le héros sinistre et dépenaillé qu'il interprétait, et, sous leur figure nouvelle, l'acteur, le héros et la pièce ont eu tant de succès, que la police, au nom de la moralité publique, a cru devoir interdire cette apothéose de l'escroquerie gouailleuse et cynique.

Robert Macaire n'en devient que davantage le favori de la foule. Protée aux mille formes, il nous apparaît tour à tour, dans les caricatures de l'époque, architecte, avocat, journaliste, candidat, maître de pension, propriétaire, banquier ou banquiste, fondateur de religion (A vous, messieurs les saint-simoniens!), mais toujours et partout hâbleur et filou, lanceur infatigable d'entreprises véreuses, mettant déjà en pratique le mot qui sera dit plus tard : « Les affaires, c'est l'argent des autres. »

Le voici convoquant à grands coups de gueule toutes les personnes qui ont des capitaux à perdre, fondant une fabrique « de colles fortes », prônant le pavé en bois ou pavé-conservateur avec lequel on ne peut plus faire de barricades, incendiant sa maison préalablement et copieusement assurée. C'est lui qui, professeur ou chevalier d'industrie, comme on voudra, adresse cette leçon à des novices :

Vous achetez un procédé nouveau, n'importe lequel, bon ou mauvais; vous l'achetez 600, 500, 25 francs, le moins cher possible. Vous créez 500.000 francs d'actions, le plus possible. Vous faites des annonces monstres, des affiches monstres, des promesses monstres! Vous réalisez le capital, vous l'empochez. Vous mettez ensuite la clé sous la porte. Vous déposez votre bilan, c'est-à-dire celui de la société. Le tour est fait, et vous passez à un autre.

Toutefois sous cette écume, qui flotte à la surface, il existe un mouvement profond et fécond.

La science continue ses découvertes qui sortent une à une des laboratoires pour pénétrer dans les usines. Des savants, tels que Chevreul, Arago, Ampère, Biot, Boussingault, Gay-Lussac, J.-B. Dumas, etc., transforment la technique et font surgir pour le monde environnant des sources de richesses.

L'agriculture, dotée d'un ministère depuis 1830, progresse sans bruit. Mais ce n'est pas elle qui occupe alors le premier rang dans les préoccupations. Le commerce et l'industrie passent devant; la propriété mobilière prend le pas sur la propriété foncière; ce sont les grands industriels qu'un orateur à la tribune appellera « les grands feudataires du régime actuel ».

Sans doute l'année 1837 est attristée par une de ces crises commerciales qui ont un caractère périodique et international; car elles se reproduisent alors tous les dix ans et celle-ci frappe l'Angleterre et les Etats-Unis comme elle atteint la France. En France, importations et exportations, comparées à celles de l'année précédente, descendent de 1.193 millions à 1.084. Crise passagère, d'ailleurs, qui n'empêche pas les banques de prospérer ni les grands magasins de se former, à telles enseignes que les contemporains réclament des tilburys pour parcourir leurs immenses galeries qui nous sembleraient aujourd'hui fort modestes.

Mais ce qui donne une vigoureuse impulsion au va-et-vient des marchandises, c'est l'accroissement des moyens de transport et des voies de communication. Il y avait encore beaucoup à faire. On en était toujours, sur terre, aux diligences et, sur mer, aux bateaux à voiles. La transmission des dépêches et messageries s'opérait avec une sage lenteur. Pour avoir par la poste la réponse à une missive, il fallait trente-cinq heures de Paris à Vaugirard et douze jours de Paris dans les Basses-Alpes.

C'était long et, par surcroît, fort cher. Le principe admis était que la taxe devait être proportionnelle à la distance parcourue; la France était partagée en onze zones, où le port d'une lettre coûtait de 20 centimes à 1 fr. 20. De plus, dans les bureaux des rares communes qui en étaient pourvues, on devait piétiner longtemps pour affranchir sa correspondance. Le système des timbres mobiles et de la lettre à deux sous, qui allait naître en Angleterre, où des employés supérieurs de l'administration s'empressèrent de le déclarer impraticable, était encore inconnu.

Tout cela va changer. On décrète des canaux, des routes, des ponts suspendus, dont beaucoup à péage. Les travaux publics sont en pleine activité. Le règne de l'ingénieur est arrivé. Les saint-simoniens se distinguent entre tous par leur frénésie entreprenante. Le père Enfantin projette déjà le percement de l'isthme de Suez, et, pour régulariser le cours du Nil par un barrage, il voudrait jeter dans le fleuve une des Pyramides; mais il est chassé d'Egypte par la peste et il revient d'Orient en Occident, où les circonstances sont plus favorables.

C'est là, en effet, que la vapeur, la triomphatrice du jour, accomplit des merveilles. Sur mer, les paquebots déroulent leur panache de fumée; la grande Compagnie autrichienne du Lloyd date de 1837; la même année un service régulier s'ébauche entre Marseille et le Levant; dans quelques mois on va constater avec admiration qu'un steamer a traversé l'Atlantique en dix-sept jours; l'hélice vient d'être inventée. Les *bateaux-diables*, comme s'obstinent à les nommer quelques vieux marins, ont décidément cause gagnée.

Mais la nouveauté qui passionne tout le monde, c'est le chemin de fer. Non pas qu'il réussisse sans encombre. En Angleterre, où il prend forme tout d'abord, que d'objections et de difficultés! — Les chevaux vont devenir inutiles; les éleveurs seront ruinés et avec eux les agriculteurs; car que fera-t-on de l'avoine? Sur son parcours le bruit de la locomotive empêchera les poules de pondre et le bétail de paître. Qu'adviendra-t-il, si une vache s'engage par mégarde sur la voie? Ne sera-ce point dangereux? — Et il faut que Stephenson mette la chose au point en répondant : — Oui, pour la vache, assurément.

Puis malheur aux parcs, garennes, domaines qui vont être éventrés! Un avocat s'écrie : — De quel droit envahit-on la propriété de la veuve et de l'orphelin ? — En plusieurs endroits, les leveurs de plans sont accueillis à coups de pierre, de fourche, de fusil. Ils sont réduits à procéder la nuit avec des lanternes sourdes. Sur les terres d'un riche clergyman, on profite, pour prendre au vol les indications nécessaires, de la matinée d'un dimanche où il est obligé de se rendre à l'office.

Les savants diplômés interviennent. Les roues tourneront sur place, parce que le poids sera trop lourd. Le train ne marchera pas, quand il y aura du vent. D'autres craignent l'excès de vitesse. « Autant vaudrait voyager à cheval sur une fusée de feu d'artifice », écrit un journaliste; et l'on entend un colonel déclarer que jamais il ne se risquera sur ces machines infernales; on voit Wellington, le duc de fer, le vainqueur de Waterloo, attendre treize ans avant de se résigner à y hasarder sa précieuse personne.

En France, même myopie, mêmes défiances d'hommes considérables. Thiers ne veut voir dans les voies ferrées que des joujoux qui amuseront les gens, comme les montagnes russes. Arago professe que deux morceaux de fer mis à côté l'un de l'autre ne changeront rien à la face du globe. Hippolyte Passy, Adolphe Blanqui ajoutent que ce mode de transport pourra convenir à quelques citadins, mais que les marchandises n'y trouveront point avantage et que le paysan continuera de cheminer, sa besace sur le dos. Les hygiénistes sont d'avis que l'on contractera des maladies mortelles dans les souterrains qu'il faudra traverser de Paris à Versailles.

Faut-il rappeler encore que le roi de Naples et de Sicile, Ferdinand II, refusera d'autoriser les tunnels, sous prétexte qu'ils sont immoraux; qu'il voudra une chapelle à chaque station et l'interruption du service, non seulement les dimanches et jours fériés, mais toutes les nuits?

Vains obstacles au progrès! Les Pereire, Legrand, Michel Chevalier, Perdonnet, Teisserenc, tous plus ou moins disciples de Saint-Simon, en sont les promoteurs tenaces. Le 26 août 1837, la ligne de Paris au Pecq est solennellement inaugurée; le voyage coûte 75 centimes; les voitures ressemblent aux anciennes diligences; même écartement des roues (1 m. 44); même disposition des « roulottes », où l'on enferme à clef les voyageurs! La tradition s'impose à l'innovation. Comme on l'a dit, un cheval-fantôme trotte a côté de la locomotive.

La même année, en Allemagne, une ligne s'ouvre entre Dresde et Leipzig, et, complément indispensable, le télégraphe électrique y fait son apparition. La France, elle, a déjà six petites lignes, dont les premières ont été construites en province. On en projette trois grandes. Mais qui doit être chargé de la construction et de l'exploitation? — De grandes compagnies, dit Arago. — L'Etat, réplique Lamartine, qui, avec une prescience remarquable de l'avenir, s'oppose à cette aliénation d'un service public. On ne peut se mettre d'accord et la décision est ajournée. Il y a pourtant, à la fin de l'année, 400 kilomètres concédés et 167 kilomètres exploités.

Le machinisme remporte d'autres victoires. Il s'est affirmé à l'Exposition de 1834. Si la machine à coudre, la machine du pauvre, inventée par Thimonier, n'est pas encore pratique, la métallurgie renouvelle son outillage; le Creusot prend un élan définitif; la galvanoplastie, imaginée par Spencer et Jacoby, habille le bronze d'or et d'argent; Daguerre fixe les images sur le verre, et la chromolithographie promet des estampes à bon marché; les allumettes chimiques allemandes, venues de Vienne, mettent à la portée de tous la facilité d'allumer le feu; le papier fait avec de la paille, les boutons fabriqués et les chaussures vissées à la mécanique montrent que la production entre dans une nouvelle ère, qui a pour caractères distinctifs la domestication des forces de la nature et l'application en grand des trouvailles scientifiques.

L'AURORE DU SOCIALISME

Elle se lève, triste et brouillée, dans un ciel noir et gros d'orages. Je ne crois pas que la classe ouvrière, en France, ait connu de période plus sombre, plus angoissante, plus désespérée, que la décade qui va de 1830 à 1840.

Dans cette époque où les insurgés de Lyon ont inscrit sur leurs drapeaux cette funèbre devise : *Vivre en travaillant ou mourir en combattant*, l'année 1837 est une des plus malheureuses. Une débâcle financière et commerciale, qui atteint l'ancien et le nouveau monde, aggrave la misère des travailleurs.

En Angleterre, où la grande industrie a porté, plus tôt qu'ailleurs, ses fruits bons et mauvais, ils ont du moins obtenu, dès 1825, le droit de s'associer pour défendre leurs intérêts; ils ont déjà tenté une organisation générale; ils rédigent, en 1837, la « Charte du peuple », où ils demandent des réformes politiques qui leur semblent un moyen d'arriver à des réformes économiques; la loi même, en

1833, est intervenue en faveur des enfants, martyrs de l'usine.

Des penseurs hardis, des poètes et des romanciers pitoyables s'intéressent au sort des parias de la fabrique, Carlyle, Elisabeth Barrett, Charles Dickens ont entamé une croisade en leur faveur. C'est en 1837 que celui-ci publie les aventures du pauvre petit Olivier Twist, victime de la société marâtre où le hasard l'a jeté.

Et pourtant, Auguste Barbier, l'auteur des *Iambes,* qui a fait un voyage aux pays noirs de la Grande-Bretagne, croit revenir d'une descente aux enfers; dans un poème indigné qu'il intitule : *Lazare* (1837), il décrit la population qu'il a vue, abâtardie, abrutie par un travail au-dessus de ses forces, puis par le gin et la débauche, piètres consolations d'une lamentable existence, et il met ce cri de détresse dans la bouche d'une femme :

> Pleurez, criez, enfants dont la misère
> De si bonne heure a ployé les genoux,
> Plaignez-vous bien! Les animaux sur terre
> Les plus soumis à l'humaine colère
> Sont quelquefois moins malheureux que nous.
> La vache pleine et dont le terme arrive
> Reste à l'étable, et sans labeur nouveau,
> Paisiblement sur une couche oisive,
> Va déposer son pénible fardeau.
> Et moi, malgré le poids de mes mamelles,
> Mes flancs durcis, mes douleurs maternelles,
> Je ne dois pas m'arrêter un instant;
> Il faut toujours travailler comme avant,

> Vivre au milieu des machines cruelles,
> Monter, descendre et risquer en passant
> De voir broyer par leurs dures ferrailles
> L'œuvre de Dieu dans mes jeunes entrailles.

Eh bien! le spectacle qu'offre alors la France est plus sombre encore. Liszt, qui visite Lyon, crie aux âmes charitables : — Hâtez-vous, hâtez-vous, si vous voulez arriver à temps! — A Sedan, à Carcassonne, le travail manque; à Rouen, les filatures chôment; dans le Roussillon et dans l'Ariège, les mendiants vont par troupes; à Lyon, une femme meurt d'inanition avec l'enfant qu'elle allaitait; à Paris, des ouvriers à bout de ressources sollicitent la faveur d'être mis en prison, où l'on est nourri et logé; un pauvre diable est trouvé mort de faim dans son échoppe.

Comment lutter? La production mécanique, à Reims, tue les tisserands à la main travaillant chez eux. Pour les ouvriers qui sont embauchés dans les manufactures, bas salaires et longues journées de quinze et seize heures. La concurrence des ouvroirs, des couvents, des prisons achève d'avilir le prix de la main-d'œuvre. S'unir pour résister, il n'y faut pas songer. La coalition patronale est tolérée : ainsi fusionnent en 1837 trois sociétés des mines de la Loire, représentant 65 concessions. Mais défense aux ouvriers de se concerter et de se coaliser même temporairement;

la grève est un délit puni de l'emprisonnement;
le compagnonnage, que ses querelles intes-
tines déciment et déconsidèrent, n'a point
d'existence légale.

Aussi ne faut-il pas s'étonner si, en 1837,
la mortalité est plus forte et la natalité plus
faible que dans les années précédentes; si la
consommation de la viande à Paris est en
baisse; si les appels au moment du service
militaire donnent les résultats suivants dans
les régions et villes industrielles :

Seine-Inf^{re}, p^r 100 hommes valides: 126 réformés
Rouen,   —   166   —
Elbeuf,   —   168   —
Mulhouse,   —   110   —
Nîmes,   —   147   —

Quand les hommes souffrent et s'étiolent
de la sorte, que peuvent espérer les femmes?
D'une part elles sont les victimes privilégiées
du travail à domicile, le moins payé de tous.
A l'atelier, d'autre part, elles pâtissent d'un
labeur excessif, qui les flétrit et les épuise,
surtout quand survient la maternité ; d'une
promiscuité dangereuse, des séances et des
retours nocturnes, des caprices dont les « honorent » maîtres et contremaîtres, des infimes
rémunérations qui les forcent, suivant une
expression du temps, à faire sur le trottoir
« leur cinquième quart de journée ». La statistique constate que les enfants trouvés, les

bâtards, les infanticides sont plus nombreux dans les cités où fument les fabriques.

Pire encore est la condition des enfants. A Mulhouse, ils sont souvent astreints à des journées aussi longues que celles des adultes: dix-sept heures de présence, quinze heures de travail effectif, dans des locaux fermés, surchauffés ou glacés. Pour surcroît de misère, ils habitent loin de la ville, où les loyers sont trop chers; et le matin avant le jour, le soir en pleine nuit, on peut voir de longues théories de garçonnets et de fillettes, hâves, maigres, déguenillés, qui défilent dans les rues, d'un pas morne et lassé.

A la maison, ils trouvent des greniers, où le vent et le froid entrent comme chez eux, ou bien, comme à Lille, des caves qui suintent l'eau, parce qu'une certaine humidité est favorable au filage du coton et que durant des vingtaines d'années des générations souterraines de tisserands ont vécu là, si cela s'appelle vivre. La famille, pauvre bétail humain, n'a souvent qu'une pièce sans air, sans lumière, sans meubles, avec des grabats par terre où grouille la vermine, sorte de litière où s'entassent pêle-mêle petits et grands, père et mère, frères et sœurs. Tout s'y passe « à la bohémienne », comme dit un contemporain.

Sur ce fumier les enfants poussent à la diable, buvant de l'eau-de-vie comme père et mère, jurant, sacrant, crachant des ordures à pleine bouche, pourris avant l'âge jusqu'à la moelle, ne sachant ni lire ni écrire, n'ayant ni joie, ni santé, ni espoir d'un avenir meilleur.

Quelques-uns couchent dans des taudis à portée du bagne où ils besognent, et ces dortoirs sont des écoles de vice. Seuls les tout petits, restés au logis, à l'abandon, demeurent bien sages, trop sages, dans ce qui leur sert de berceau; on leur a fait absorber une potion qui est presque un poison et qu'on appelle à Lille *le dormant.*

C'est leur bon temps. Car, dès qu'ils ont cinq ou six ans, au travail comme des hommes! Dans les filatures de coton, ils sont dévideurs; on est parfois obligé de les hisser sur un escabeau pour hausser leur taille au niveau de l'engin dont ils sont les servants. Plus âgés ils deviennent brosseurs ou tireurs. Ceux-ci, pour « tirer », doivent écarter les pieds et rapprocher les genoux, si bien qu'à Lyon les gamins ainsi déformés gardent toute leur vie une démarche de canard.

Est-on doux, au moins, pour ces innocents? Hélas! ils mangent souvent par cœur; ils sont battus au moindre manquement. Dans certaines fabriques, le métier porte un nerf de bœuf destiné à châtier toute distraction. A la Chambre des pairs, on cita un manufacturier qui se servait d'un fer rouge pour dompter les récalcitrants ou pour réveiller ceux qui tombaient de sommeil.

Et quels sont leurs salaires? Vers huit ans, ils gagnent de 25 à 35 centimes par jour; et cette somme s'accroît d'un sou tous les ans jusqu'à la seizième ou dix-septième année, où ils arrivent à toucher 75 centimes.

A vingt ans, ils sont fourbus. On calcule alors qu'un enfant de manufacturier a chance de vivre vingt-huit ans, celui d'un manœuvre neuf ans, celui d'un fileur de Mulhouse un an et quart.

La *Société industrielle de Mulhouse*, composée pourtant de patrons, a signalé, dès 1827, « le dépérissement effrayant de la génération qui se développe ». Les Académies commencent à s'émouvoir. Celle des sciences morales et politiques, reconstituée en 1832, a mis au concours ce sujet : *Le problème de la misère*, et elle a reçu des réponses qui l'ont inquiétée. Elle charge un de ses membres, Villermé, d'une grande enquête à ce propos, et c'est au courageux rapport de cet honnête homme que j'ai emprunté la plupart des faits relatés ci-dessus.

L'Académie de Dijon — en 1835 — a provoqué des mémoires sur cette question : *L'amélioration des classes ouvrières*. Des philanthropes chrétiens, comme Villeneuve-Bargemont, font entendre la voix de la pitié. Béranger, retiré à Fontainebleau où il cultive son jardin, n'a plus le cœur aux chansons; il déclare qu'il ne veut pas, sur des airs de pont-neuf, demander l'organisation de la démocratie, et il songe à entreprendre un ouvrage en prose sur l'éducation du peuple. Mais, à côté de ceux qui prêchent la charité, apparaissent ceux qui réclament la justice; à côté de ceux qui s'attachent à secourir et à moraliser les travailleurs, ceux qui dénoncent comme la grande coupable la constitution capitaliste de la société et qui veulent la réformer. En un mot, le socialisme entre en scène.

Sans doute, en .1837, Fourier meurt, mais son œuvre est continuée par Considérant et par le journal *La Phalange*. Buonarroti, l'ancien compagnon de Babeuf, meurt aussi, et le gouvernement interdit de mettre sur sa tombe ces lignes, qui lui paraissent séditieuses : *Rien ne put égaler son courage. Il vécut pour l'humanité.* Sans doute encore les saint-simoniens sont absorbés par des entreprises utiles et lucratives. Mais une quantité de jeunes se préparent à prendre la place de ces précurseurs tombés ou dispersés sur la route.

Ce n'est pas encore la grande éclosion des théories et des systèmes; elle n'aura lieu que dans les dix années qui vont suivre; le socialisme en est à la période d'incubation. Proudhon n'a pas débuté. Louis Blanc n'est pour l'instant qu'un démocrate, rédacteur en chef du *Bon Sens*. Cabet, retour d'Angleterre où il a connu Robert Owen, médite, mais n'a pas publié son *Icarie.* Pierre Leroux, qui déserte la *Revue des Deux-Mondes,* qui s'est, comme il dit, « débulozé », entame dans l'*Encyclopédie nouvelle,* avec George Sand, Jean Raynaud, Hippolyte Carnot, une propagande philosophique et humanitaire.

Quoique ces romantiques du socialisme n'aient jusqu'alors laissé filtrer qu'une partie de leur pensée, cette fermentation des esprits trouble fort la classe bourgeoise. L'Académie de Lyon, en 1836, a relégué au rang des utopies l'idée de créer, pour les ouvriers, des bibliothèques et des lectures en commun. A la Chambre des députés, des protestations s'élèvent quand on parle de ces gens-là. A la Chambre des pairs, l'avocat Dupin ayant dit à la tribune qu'il y aurait bien des réformes à faire dans la société, le président Pasquier l'interrompt en criant : « Je ne puis souffrir de tels propos dans cette enceinte ! »

Musset raille agréablement les prophètes, « l'humanitairerie », l'émancipation des femmes, les rêves de régénération et de perfectibilité. Cormenin écrit : « Les socialistes ne demandent qu'un bon dîner, qui dure par exemple du matin au soir. » Des voix apeurées ajoutent : « Les barbares sont à nos portes ! » Tous les éléments de la révolution et de la réaction prochaines sont déjà en éveil et aux prises.

LE DÉCLIN DU ROMANTISME

La France traverse alors une grande époque littéraire et artistique, comme elle n'en a point vu de pareille depuis la première moitié du règne de Louis XIV. Les grands noms, les grandes œuvres s'y pressent à s'étouffer.

Le romantisme, qui a triomphé en 1830, a libéré les imaginations; de là une éruption de poésie, de fantaisie; une exaltation de sentiments qui fait invasion jusque dans l'existence des écrivains et des artistes. Ils sont le scandale et la terreur des bourgeois. *Désordre et génie,* accouplement de mots très romantique, c'est le titre d'un drame qu'Alexandre Dumas fait jouer en ce temps-là; c'est aussi l'idée que les « bonnets de coton », comme on les appelle dédaigneusement, se font de ceux qui manient la plume et le pinceau.

Mais, à cause de cela même, ces échappés de la vie terre-à-terre passionnent le gros public autant qu'ils l'inquiètent. Liszt, qui, au sortir d'une soirée, a enlevé dans une chaise de poste la comtesse d'Agoult en robe de bal, signale (février 1837) l'intérêt nouveau qui s'attache aux moindres faits et gestes de ces rois de l'opinion. On veut connaître les secrets de leurs amours, la couleur de leurs pantoufles ou du papier qui tapisse leur cabinet de travail; on disserte et s'extasie sur la canne de Balzac; on recueille les confidences de la femme de chambre qui sert Mme de Lamartine; les aventures retentissantes de George Sand et de Musset défraient les commérages du beau monde.

Il existe encore des salons où l'on cause. Sans doute l'Abbaye-au-Bois a l'air d'une chapelle où Chateaubriand est le bon Dieu et Mme Récamier la Sainte Vierge; l'atmosphère a quelque chose d'auguste et de somnolent dans ce sanctuaire; la maîtresse de la maison y joue, avec des mines de pensionnaire vieillie, son rôle de « madone de la conversation », et la grande idole y vient chaque soir prendre, comme on l'a dit, « sa tasse de thé et sa ration d'encens ». Mais il ne manque pas de centres mondains plus vivants, plus remuants, chez Mme de Girardin, chez Mme de Boigne, chez la princesse Belgiojoso, chez Lamartine.

La musique y est en honneur. Le piano fait rage. Thalberg et son ennemi intime, Liszt, que les contemporains surnomment le diable de l'harmonie, le possédé de la musique fantastico-humanitairo-charabia, Chopin, qui, aux délicatesses de son jeu morbide et prenant, joint par surcroît la qualité de Polonais authentique et de poitrinaire selon la formule, sont la coqueluche des belles dames. On s'aperçoit que les virtuoses méritent mieux que la situation subalterne de coureurs de cachets.

On peut dater de ce moment-là le réveil musical de la France. Le Théâtre Italien est le rendez-vous de toutes les élégances; la vogue de Rossini et de Donizetti n'est pas morte avec la Malibran; près d'eux, Meyerbeer et Halévy règnent à l'Opéra, Auber à l'Opéra-Comique. Berlioz, dont le *Benvenuto Cellini* rencontre un accueil assez frais, étonne et effarouche; mais son *Requiem*, exécuté en 1837 aux Invalides, force l'attention, sinon le succès.

Toutefois, le goût de la musique n'est pas encore descendu dans la foule, et si l'on veut mesurer l'espace qui reste alors à parcourir, qu'on regarde la liste des innovations réclamées par Liszt et dont beaucoup ne sont réalisées que d'hier! Pour rendre *social* un art qui ne l'est plus, il faut, selon lui, pousser l'éducation musicale du peuple, l'introduire à l'école primaire, la compléter par de grands concerts symphoniques, fonder une chaire d'histoire et de philosophie de la musique, réformer le plain-chant dans les églises, faire entendre les œuvres des jeunes compositeurs dans les Salons annuels, faciliter la compréhension des morceaux par des programmes qui les expliquent, etc. A ces conditions la musique conquerra dans la société la place qui lui est due.

Peinture et sculpture y ont déjà pris leur rang. Si les rapins forment encore un monde à part, grâce à leurs costumes débraillés, leur argot, leurs farces d'atelier, les maîtres sont partout reçus avec déférence. Ils partagent avec les littérateurs le privilège d'occuper l'opinion. N'ont-ils pas aussi leurs romantiques, ivres de couleur et de mouvement, et leurs classiques, membres de l'Institut, froids et ternes observateurs des règles et des traditions?

La réception des tableaux et statues au Salon donne lieu à de vraies batailles. En 1837, Barye, le grand sculpteur animalier, qui plie le bronze à la souplesse infinie des fauves et des reptiles, est repoussé par le jury, comme Jean Gigoux; Delacroix, avec sa *Bataille de Taillebourg*, n'est admis qu'à la majorité d'une voix.

Mais peu à peu les talents nouveaux s'imposent. Pendant que Ingres, le défenseur de la ligne pure et harmonieuse, joue du violon et dirige l'Ecole de Rome, les grands paysagistes, qui seront une des gloires du siècle, sont déjà en pleine production : Théodore

Rousseau, Troyon, Daubigny, Corot qui cherche encore la voie où il méritera le nom de premier Brumaire.

Un des caractères du moment, c'est l'union des arts plastiques et des arts de la pensée. Les peintres s'inspirent des poètes, des historiens, parfois même des philosophes. David d'Angers reproduit dans ses médaillons toute la pléiade romantique. Philipon et Daumier accrochent des légendes incisives ou amusantes à leurs dessins où revivent les ridicules du jour. En revanche, les écrivains s'attachent à colorer leur prose, à ciseler leurs vers. Théophile Gautier, qui passe du métier de peintre à celui de poète, a dans son encrier tout un arc-en-ciel.

Ils sont légion les artistes de la plume, et quelle légion! Michelet, l'ardent ressusciteur du passé, lance le quatrième tome de son *Histoire de France,* où il semble hanté par le spectacle qui l'environne, quand il proclame au XIV⁰ siècle l'avènement de l'or. Sainte-Beuve, qui publie ses *Pensées d'août,* doit cruellement sentir l'épine cachée dans les vers où Musset salue en lui

Un poète mort jeune à qui l'homme survit.

Il s'en va, en octobre, égrener devant les étudiants de Lausanne ses leçons sur les jansénistes de Port-Royal, et, enclin comme il l'est à se teindre des nuances du milieu où il vit,

il donne à la candeur de Vinet et à la pieuse
coquetterie des belles protestantes vaudoises
de vagues espérances de conversion.

Cousin, panthéiste repenti, devenu le gen-
darme de la philosophie officielle et le père
d'un catéchisme laïque fait de bribes et de
morceaux, confond volontiers l'éloquence et
l'originalité; mais près de lui croît obscuré-
ment Auguste Comte, le puissant créateur de
la méthode positive.

Au théâtre, qui est toujours le divertisse-
ment préféré des Parisiens, si bien que se
fonde alors la Société des auteurs et compositeurs dramatiques, les deux courants qui se
disputent la littérature coulent côte à côte.
Victor Hugo va draper dans sa cape espagnole
et ses sentiments chevaleresques *Ruy-Blas*,
« ce ver de terre amoureux d'une étoile ».
Alexandre Dumas fait flamboyer son drame
rouge et truculent de *Caligula*. Musset continue, avec le *Caprice*, la série des marivaudages shakespeariens qui composeront le
Spectacle dans un fauteuil. Et, en même
temps, Casimir Delavigne déroule ses pièces
sages, Scribe ses comédies à fleur de peau,

Où l'intrigue, enlacée et roulée en feston,
Tourne comme un rébus autour d'un mirliton.

Le roman surtout prend un essor victorieux, en dépit des critiques qui s'obstinent
à ne pas le considérer comme un genre litté-

raire sérieux. Balzac, qui achève ses *Contes drôlatiques*, revient à ses profondes peintures des mœurs environnantes. George Sand, qui dans *Mauprat* vient de dresser en pied une héroïne conforme à son idéal favori, la femme éducatrice maternelle de celui qu'elle aime, hésite entre la veine mystique vers laquelle la pousse Pierre Leroux et la veine champêtre vers laquelle l'incline sa propre nature.

Stendhal s'ennuie à Civita-Vecchia, où il rassemble lentement les matériaux de *La Chartreuse de Parme*. Mérimée fait un piquant mélange de mystère et d'ironie en contant les méfaits de la *Vénus d'Ille*. Alexandre Dumas laisse couler à flots son intarissable invention. Musset sème d'aimables nouvelles dont le héros, tiraillé comme lui-même, entre l'amour-goût et l'amour-passion, finit par pencher du côté de Mimi Pinson. Eugène Süe, qui n'a pas réussi comme historien, essaie de prendre sa revanche comme romancier et il est un écrivain-dandy, avant d'être l'explorateur des milieux populaires.

Les poètes tiennent encore le haut du pavé. Si Hégésippe Moreau est sur le point de mourir à l'hôpital; si Alfred de Vigny se tait, s'il n'est plus pour longtemps, comme dira Léon Gozlan, qu'une magnifique extinction de voix; si Théophile Gautier, descendu à la prose, s'amuse, dans *Les Grotesques*, à décrire somptueusement le nez de Cyrano de Bergerac,

Lamartine, qui vient de charmer les femmes par son poème de *Jocelyn*, prépare, sous le titre de *La chute d'un ange*, un étonnant amalgame de théories panthéistes, de scènes bibliques, de maximes morales, de rêveries politiques, de vers superbes et négligés. Victor Hugo se recueille dans une œuvre de demi-teinte où il écoute *Les voix intérieures*. Musset atteint une puissance d'émotion qu'il ne dépassera jamais dans cette *Nuit d'octobre*, qui est le *De profundis* de son seul grand amour.

Floraison luxuriante et magnifique! Mais quand on plonge au fond des esprits, on peut y surprendre dès lors un commencement de fatigue, prélude d'une double évolution.

D'une part trop de bourreaux, de brigands, de fous sympathiques, de dagues de Tolède et de pourpoints moyen âge! Trop d'éjaculations lyriques et de cris passionnés! Une réaction classique, un revenez-y de mesure et de raison est en passe de s'ébaucher. Des critiques universitaires, pincés et pinçants, comme Désiré Nisard, en sont les hérauts ; Sainte-Beuve abandonne ses amis du Cénacle pour faire amende honorable à Nicolas Boileau ; Musset, un autre transfuge, définit railleusement le romantisme « l'étoile qui pleure, le vent qui vagit, la nuit qui frissonne, la fleur qui vole, l'oiseau qui embaume » ; Rachel, la future prêtresse de la tragédie renaissante, vient de débuter au Gymnase.

Et, d'autre part, trop de littérature personnelle, égoïste, poitrinaire et *moitrinaire !* Ceux qui ne reviennent pas en arrière se laissent emporter vers des rivages inconnus. Pendant que d'aucuns prêchent l'art pour l'art, l'art fainéant et aristocratique, ayant en lui-même sa fin et sa limite, les plus grands, à commencer par George Sand, Lamartine, Victor Hugo, vont vers l'art social, un art qui veut communiquer avec l'âme du peuple, prendre part aux luttes, aux souffrances, aux aspirations contemporaines, être enfin un bon ouvrier, non seulement de beauté, mais de vérité, de justice et d'avenir.

Principaux ouvrages consultés pour l'année 1837 (je ne répète pas les titres de ceux qui ont été précédemment cités) :

La Revue des Deux Mondes. — *Le Charivari.* — V. HUGO, *Les voix intérieures.* — AUG. BARBIER, *Lazare.* — A. DE MUSSET, *Lettres de Dupuis et Cotonet.* — SAINTE-BEUVE, *Pensées d'août.* — LAMENNAIS, *Le livre du peuple.* — MICHELET, *Les origines du droit.* — *Histoire de France* (t. IV). — CORMENIN, *Le livre des orateurs.* — LOUIS BLANC, *Histoire de dix ans.* — EUG. FOURNIÈRE, *Le règne de Louis-Philippe* (t. VIII de l'Histoire socialiste). — CH. SIMOND, *Paris de 1800 à 1900.* — G. WEILL, *Saint-Simon.* — *L'école Saint-Simonienne.* — *L'histoire du catholicisme libéral en France.* — D. LOMÉNIE, *Les Contemporains illustres, par un homme de rien.* — VLADIMIR KARÉNINE, *George Sand* (t. II). — JEANJEAN, *Armand*

Barbès. — G. GEFFROY, *L'enfermé.* — THIRRIA, *Napoléon III avant l'Empire.* — I. TCHERNOFF, *Le parti républicain sous la monarchie de Juillet.* — G. MONOD, *Jules Michelet.* — G. MONOD et BŒHMER, *Les jésuites.* — P. ROBIQUET, *Buonarroti.* — LE P. LE CANUET, *Montalembert.* — BOLTON KING, *L'unité italienne.* — J.-B. BIRÉ, *Victor Hugo.* — JEAN SKERLITCH, *L'opinion publique en France d'après la poésie politique et sociale de 1830 à 1848.* — JULES GAY, *Le Théâtre et la société française de 1815 à 1848.* — JEAN CHANTAVOINE, *Liszt.* — *Pages romantiques.* — J. SIMON, *Victor Cousin.* — DE RÉMUSAT, *Thiers.* — PAUL DE MUSSET, *Biographie d'Alfred de Musset.* — JOSEPH TURQUAN, *Madame Récamier.* — CAZAMIAN, *Le roman social en Angleterre.* — SMILES, *Vie de Stephenson.* — VILLERMÉ, *Tableau de l'état physique et moral des ouvriers.* Etc.

1862

1862

UNE RUPTURE D'ÉQUILIBRE

———

Vous connaissez ce jouet d'enfant qui porte le nom barbare, à force d'être savant, de kaléidoscope. C'est un tube cylindrique, fermé par une plaque transparente et contenant des morceaux de verre coloré, qui, regardés par un trou étroit, forment un dessin composite. Vient-on à faire tourner le tube d'un simple quart de cercle, il se produit une combinaison nouvelle et inattendue.

Ainsi, quand la roue du temps a tourné d'un quart de siècle, l'architecture mouvante que construisent et détruisent incessamment sur la terre des éléments en équilibre instable offre un spectacle tout différent de celui qu'on voyait vingt-cinq ans auparavant. L'année 1862 ne ressemble donc guère à l'année 1837. L'Europe nous y apparaît en plein travail de remaniement et de concentration, l'Amérique en plein travail de dissociation.

Les causes? Comme toujours, des idées et

des intérêts. Si les théories égalitaires, filles du dix-huitième siècle, sont, depuis la réaction qui a suivi la fermentation révolutionnaire de 1848, immobilisées temporairement dans le domaine politique, il en est d'autres datant du même temps qui continuent à cheminer victorieusement.

L'idée que tout homme est libre de nature inspire l'abolition du servage en Russie (1861) et de l'esclavage aux Etats-Unis (1862). L'idée connexe que tout peuple doit être maître de ses destinées pousse les gens de même race ou tout au moins de même langue à se rapprocher, à s'unir, à secouer la domination étrangère, et cela s'appelle le principe des nationalités.

Le souci des réalités économiques se mêle, suivant l'ordinaire, à des désirs d'ordre idéaliste, et, dans les conflits et les guerres du moment, on ne saurait dire en plus d'un cas ce qui l'emporte, des motifs terre-à-terre ou de ceux qui ont une origine plus relevée.

Au nom du principe des nationalités, les Moldo-Valaques sont prêts à se fondre en une nation roumaine; les Serbes, à qui l'on restitue Belgrade, se groupent plus étroitement; les Polonais, contre la Russie qui les opprime, réveillent le souvenir de Kosciusko, leur héros national, accomplissent ce prodige de réconcilier leurs classes ennemies, et nobles, bourgeois, paysans, s'acheminent grand train de compagnie vers une insurrection prochaine.

Au nom du principe des nationalités, l'Italie ressuscitée, qui vient de proclamer pour son roi Victor-Emmanuel, rêve d'achever son unité. En vain le pape Pie IX déclare-t-il solennellement qu'il ne pactisera jamais avec le nouveau royaume; en vain s'acharne-t-il à frapper d'anathème la révolution italienne et le principe dont elle découle. *Rome capitale* reste le cri des Italiens.

Garibaldi, l'homme à la chemise rouge, le paladin du droit des peuples, le patriote qui ajourne son idéal républicain pour réunir en faisceau toutes les forces de son pays, quitte sa retraite de Caprera dans l'espoir de joindre Rome et Venise aux conquêtes qu'il a faites pour son souverain.

Mais alors reparaît l'éternelle lutte entre les enthousiastes et les politiques. Le roi hésite. Napoléon III, empereur des Français, qui a été, un peu malgré lui, le libérateur de l'Italie, a peur de son œuvre. Il est toujours l'indécis, l'irrésolu, dont Théophile Gautier dit avec humeur : « Il va à droite, à gauche. On ne sait ce qu'il veut. » Le fait est qu'il est tiraillé en sens contraire, d'un côté par l'impératrice et par Walewsky, qui le poussent à défendre le pape, de l'autre par le prince Napoléon et son groupe, qui lui conseillent de l'abandonner.

Au printemps, il est sur le point de retirer

les troupes françaises, qui sont le dernier rempart du pontife; en automne, il se décide à les maintenir. Politique incohérente qui n'empêchera rien et qui aliène pour longtemps à la France les sympathies italiennes que lui avaient méritées Magenta et Solférino!

Quant à Garibaldi, qui a marché de l'avant, encouragé d'abord en secret, puis officiellement, mais vainement rappelé, il se heurte, sur la route de Rome, aux troupes piémontaises qui sont chargées d'arrêter son élan, et, au grand scandale de l'Europe, le héros de l'indépendance italienne tombe sur le champ de bataille d'Aspromonte, blessé d'une balle qui est partie d'un fusil italien.

Au nom du principe des nationalités, l'Allemagne, à son tour, songe à sortir de son morcellement. Elle a déjà, en grande partie, réalisé son union douanière; mais cela ne lui suffit plus : elle veut son unité politique.

Se fera-t-elle, cette unité, au profit de la Prusse ou de l'Autriche, ou bien indépendamment de l'une et de l'autre? Le centre de gravité sera-t-il à Berlin, à Vienne, à Francfort? L'Autriche, îlot germanique empêtré dans une bigarrure de populations qui ne sont allemandes ni de langue, ni de race, ni d'esprit ; l'Autriche, qui n'a pas même réussi à établir dans ses possessions un gouvernement unitaire, n'est point en de bonnes conditions pour être le noyau de l'agglomération qui s'ébauche. Les petits Etats, qui s'accommoderaient d'une capitale située moins au nord ou moins à l'est, ne sont point de taille à contre-balancer les deux grandes puissances auxquelles leur passé et leur rêve commun les relient.

C'est la Prusse qui prend à son compte le rôle unificateur, et, du même coup, adieu l'espoir d'une solution pacifique au problème, telle que l'auraient souhaitée beaucoup de libéraux allemands! C'est par les armes qu'il sera résolu.

Au premier plan passe un homme de combat, sans scrupule et sans ménagement, un hobereau dédaigneux des formes et des libertés parlementaires, un ministre à poigne, qui sait être, tour à tour, diplomate subtil et autoritaire brutal, qui entend cimenter par le fer et le sang l'union des membres épars dont est composée la Confédération germanique. J'ai nommé le comte de Bismarck.

Il veut que la Prusse utilise l'armure trop large qu'elle s'est donnée; qu'elle mette à profit et même qu'elle augmente ses ressources militaires, qui dépassent déjà ses besoins apparents. Encore des soldats! Encore de l'argent pour l'armée! Tant pis, si la Chambre basse s'y refuse! On la dissoudra, et l'on s'appuiera sur la Chambre haute. Tant pis, si les élections ramènent une majorité d'opposants, si le roi songe un instant à abdiquer (septembre 1862)! On se passera du consentement des députés pour lever les impôts nécessaires, et les députés se résigneront avec une moutonnière docilité. « Celui qui a la force en main, dit Bismarck, va de l'avant dans le sens qui est le sien. »

Pendant que s'opèrent, aux portes de la France, ces changements inquiétants, c'est au loin que vagabonde l'attention de l'empereur, à qui les Français ont eu la sottise de remettre le soin de leurs affaires.

Pour faire plaisir aux catholiques, qu'on mécontente par ailleurs, celui qui a dit avec emphase: « l'Empire, c'est la paix! » a porté la guerre en Syrie, sous prétexte de défendre les lieux saints menacés par des tribus musulmanes; en Chine, où, sous prétexte de venger des missionnaires et de propager la religion chrétienne, le chef de l'expédition a pillé le Palais d'Eté, conquis beaucoup de butin et le titre de duc de Pa-li-Kao.

D'accord avec l'Angleterre et l'Espagne, le gouvernement français a envoyé un corps d'armée au Mexique. Il s'agit de faire rentrer des créances dues à des Européens. Mais, dès 1862, sous prétexte de soutenir la race latine contre l'expansion anglo-saxonne, en réalité pour faire plaisir à l'impératrice, qui est Espagnole, et au duc de Morny, qui a stipulé une petite commission de 30 p. 100 sur les créances à recouvrer en faveur du banquier suisse Jecker, les Français restent seuls, bloqués, assiégés, dans une contrée lointaine où ils servent des ambitions exotiques et des intérêts financiers dont la nation soupçonne à peine l'existence.

En Amérique, la France a, par suite, une situation bizarre. Dans la lutte formidable qui met aux prises les deux moitiés des Etats-Unis, le Nord manufacturier, unioniste, ami du travail libre, et le Sud agricole, séparatiste et tenace partisan du travail esclave, les sympathies officielles du gouvernement impérial français vont aux esclavagistes.

La victoire est âprement disputée entre les deux partis. L'Europe, où cette guerre cause une terrible disette de coton, suit avec passion les opérations du général Grant et de l'amiral Farragut, les combats du *Monitor* et du *Merrimac*, qui inaugurent l'ère des vaisseaux cuirassés et des torpilles, les généreuses proclamations d'Abraham Lincoln. Mais elle ne peut ni n'ose intervenir.

En cette année, où tant de peuples sont ainsi occupés chez eux, les puissances dirigeantes de la politique internationale sont encore l'Angleterre et la France. Mais, pour qui regarde attentivement, des symptômes menaçants, au moins pour l'une d'entre elles, sont déjà visibles à l'œil nu. Un déplacement se prépare dans l'équilibre européen et, comme on dit aujourd'hui, mondial.

VIE ÉCONOMIQUE EN FRANCE

LA TRANSFORMATION DE PARIS
ET DES MŒURS

———

Le second Empire français aurait pu prendre pour devise ce refrain de Béranger, fredonné par un chœur de bourgeois apeurés :

> Une idée a frappé chez nous,
> Fermons notre porte aux verrous!

Mais, quand on veut étouffer l'idée, il faut, par une compensation naturelle et inévitable, pousser de toutes ses forces à la satisfaction des intérêts matériels.

C'est pourquoi les dix premières années du règne de Napoléon III sont marquées par un vigoureux élan des affaires, par une fièvre de spéculations et de bâtisses, par une éclosion formidable de sociétés anonymes et d'entreprises où les saint-simoniens ralliés à l'Empire font avec entrain leur partie. Mais le mouvement se ralentit et s'arrête dès 1861.

Le grand commerce, ennemi de toute entrave, a remporté en 1860 une grosse victoire. Par un véritable coup d'Etat économique, l'empereur a décrété, entre la France et l'Angleterre, un abaissement des tarifs tel qu'il équivaut presque au libre échange. Des traités analogues, conclus avec l'Espagne et le Zollverein allemand, étendent le champ d'action du négoce. D'autres traités avec les Touaregs, l'Annam, Madagascar lui ouvrent des débouchés lointains.

Et les Pereire fondent la Compagnie Transatlantique. Et autour du Crédit mobilier, émule malheureux du Crédit foncier, la Bourse s'agite et bouillonne. Et, comme pour reconnaître officiellement la puissance de la haute banque, l'empereur va rendre visite, à Ferrières, au baron de Rothschild.

Mais une dépression s'annonce et se prononce dans l'industrie. Sans doute, à l'Exposition de Londres, en 1862, la France arrive au second rang pour l'ensemble, et en tête pour le meuble et les produits de luxe. Sans doute, pour la première fois, elle dépasse un million de tonnes dans la fabrication de la fonte. Sans doute, le nombre des machines à vapeur y croît régulièrement et le moteur Lenoir, à explosion, y fait dès lors son apparition.

Sans doute, encore, la nécessité de lutter avec la concurrence anglaise force les filateurs de coton à renouveler leur outillage, à introduire chez eux les métiers « renvideurs ». Sans doute, les Pasteur, les Berthelot, les Wurtz et bien d'autres soutiennent brillamment l'honneur de la science française, et déjà une petite commune de Savoie, La Roche-sur-Foron, a inauguré chez elle l'éclairage électrique.

Sans doute, chemins de fer, télégraphes, câbles sous-marins vont se multipliant, et même l'invention du téléphone et du phonographe est quasi faite. Sans doute, les métiers qui concernent le bâtiment, l'alimentation et l'habillement, où la crinoline exige des mètres et des mètres d'étoffe, sont en pleine activité, et le mirage de la ville continue à séduire des troupeaux de campagnards, si bien que la population est en décroissance dans 57 départements.

Mais, dans la mue qui s'opère, la petite industrie pâtit des progrès de la grande; des fabriques se ferment, parce qu'elles ne peuvent lutter avec leurs rivales étrangères; des hauts-fourneaux chôment dans le Nord; la disette de coton, causée par la guerre civile des Etats-Unis, jette sur le pavé des milliers d'ouvriers, à Rouen, à Elbeuf, à Mulhouse.

L'agriculture est, de la part du gouvernement, l'objet d'attentions particulières ; car les paysans sont le nombre (la population industrielle ne dépasse pas, en 1861, 27,3 p. 100), et ils votent en masse pour le prince régnant. Donc comices, concours, écoles et stations agronomiques, endiguements et reboisements rappellent qu'ils sont les favoris du régime. Ils commencent à se servir de machines, batteuses et moissonneuses, pour suppléer au manque de bras; d'engrais chimiques, pour restituer au sol ce que les plantes lui empruntent; la science devient peu à peu une auxiliaire écoutée.

N'empêche que les cultivateurs souffrent en plus d'un endroit. Malheur à ceux qui font pousser la garance et le pastel! Les couleurs tirées du goudron de houille vont tuer leurs cultures. La vigne se remet à peine de sa longue lutte avec l'oïdium, qu'elle se découvre un nouvel ennemi, le phylloxéra, qui sera signalé dès 1863. Les poules sont décimées par le choléra, les moutons par le charbon, et les savants cherchent dans leurs laboratoires des remèdes sauveurs. Les vers à soie sont malades et les découvertes de Pasteur n'ont pas encore réussi à les guérir, si bien que toute la région du Sud-Est, et Lyon, par contrecoup, sont victimes de l'épidémie. Les blés de Russie et de Hongrie, ressource précieuse en cas de mauvaise récolte, deviennent en d'autres temps une menace inquiétante pour les producteurs de froment.

Ainsi se prépare un malaise, moins sensible, il est vrai, dans les villages où la vie demeure simple et fruste, mais en revanche morne et singulièrement bornée, que dans les villes où tout a renchéri, vivres et loyers surtout. La hausse est due, en grande partie, à l'abondance de l'or jeté sur le marché. Les salaires augmentent aussi, moins vite pourtant que le prix des autres choses, et, par une reprise facile du propriétaire sur quiconque n'a pas la chance de l'être, leur augmentation est aussitôt compensée par celle du logement. Une caricature du temps nous représente M. Vautour s'écriant : « — Bon ! Encore une maison qu'on abat! Je vais augmenter mes locataires chacun de 200 francs. »

L'époque est, en effet, dans les grandes agglomérations urbaines, l'âge d'or des démolisseurs. La ville de Paris, éventrée, bouleversée, se débat dans un nuage de poussière; elle est en proie aux terrassiers et aux maçons. Jamais n'est entré chez elle autant de fer et de pierre ; jamais ne s'y sont entre-croisés autant de déménagements, d'expropriations, de spéculations sur les terrains. « Sapristi ! ma chère amie, lui dit un visiteur, vous êtes bien sale depuis quelque temps! » Partout des fondrières, des plâtras, des moellons, une circulation difficile! On projette sérieusement des passages sous les boulevards et facétieusement un chemin de fer aérien qui reliera le Panthéon à Montmartre. Les amoureux de tranquillité parlent d'aller habiter une comète ou, tout au moins, une planète plus paisible.

Sans aller aussi loin, la population, qui atteint 1.700.00 âmes, se déplace. Le mouvement a lieu du centre à la circonférence. La Cité, berceau abandonné, devient un désert ; les faubourgs, la première banlieue que Paris, grandissant subitement jusqu'à son enceinte fortifiée, s'est annexée en 1860, sont le refuge des petits employés et des ouvriers, que chassent la pioche et la cherté. Le chemin de fer de ceinture, qui s'ouvre alors aux voyageurs, met en communication les groupes disséminés, séparés encore par des champs de luzerne ou de betteraves. Alentour, s'étale et se peuple une seconde banlieue, laquelle s'installe à l'aise dans les propriétés confisquées sur la famille d'Orléans par l'Empire, qui a mérité en cette occasion le mot fameux : « C'est le premier vol de l'aigle. »

Qui reconnaîtrait désormais le vieux Paris? Sous la baguette du magicien Hausmann, préfet de la Seine, il subit une rapide et méthodique métamorphose. Pour des raisons stratégiques, d'abord : ce n'est point par hasard que d'immenses casernes commandent de vastes boulevards, qui sont non plus pavés, mais macadamisés. Pour des raisons hygiéniques, ensuite : ruelles élargies, maisons lépreuses abattues, squares mettant çà et là des coins d'ombre, aqueducs apportant des eaux claires, jardins et parcs semés au cœur et aux portes de la ville, canaux et ruisseaux cachés sous des voûtes, hôpitaux reconstruits, mais encore insuffisamment aérés et isolés.

On n'a garde d'oublier la beauté. On sait que le Parisien a la coquetterie de son Paris. On lui ménage des perspectives ; on lui bâtit des fontaines, des gares monumentales, des palais du commerce et du plaisir. L'empereur, soucieux de mise en scène, veut qu'on mène de front l'Hôtel-Dieu et l'Opéra. Rien qu'en 1862 on inaugure cinq ou six salles de spectacles, le Châtelet, la Gaîté, les Folies-Dramatiques, les Délassements-Comiques, le Théâtre Lyrique — aujourd'hui théâtre de Sarah Bernhardt, qui débute précisément cette année-là — et la même année Notre-Dame restaurée est rendue au culte catholique.

Ces transformations ne vont pas sans regrets, sans opposition. Il disparaît des recoins pittoresques, des cabarets célèbres, des rues amusantes. Chose plus grave! Paris, déjà dépossédée de sa suprématie politique par le suffrage universel, qui remet à la province, plus nombreuse, la direction des affaires publiques, cesse d'être propice aux barricades, aux coups de main qui escamotent le pouvoir. Il semble qu'il y ait alors un parti pris d'en faire une ville de luxe et d'amusement. On écarte ou on néglige ce qui pourrait y ranimer la vie politique ou intellectuelle : on multiplie tout ce qui peut y attirer la foule cosmopolite des oisifs fortunés.

De Laprade s'écrie :

Faites de ce Paris, centre des vieilles Frondes,
Un lupanar ouvert aux vices des deux mondes.

Sainte-Beuve riposte par une déclaration
d'amour passionné : « Paris, ville de lumière,
d'élégance et de facilité, c'est chez toi qu'il
est doux de vivre; c'est chez toi que je veux
mourir. »

De Laprade exagère; mais, quoi qu'en dise
Sainte-Beuve, le Paris élégant, lumineux, purement français, est alors en décadence, et il
suffit d'ouvrir un journal contemporain pour
y constater l'avènement d'une catégorie nouvelle de femmes qu'Alexandre Dumas fils s'est
chargé de baptiser. Parmi les reines du moment, les aventurières ne manquent pas: Anna
Deslions, Marguerite Bellanger, Cora Pearl,
Jeanne Destourbay, maîtresse du prince Napoléon et future comtesse de Loynes, et bien
d'autres dames au camélia, parties depuis
lors, comme on l'a dit, pour un demi-monde
meilleur.

Les mœurs ont changé comme l'aspect
général de ce Paris agrandi, assaini, embelli,
mais qui tend à devenir, pour un temps, la
capitale des fêtards.

LA QUESTION RELIGIEUSE

Mettez un couvercle sur une chaudière d'eau bouillante : de ci et de là s'échapperont quand même des jets de vapeur, et c'est fort heureux pour la chaudière qui, sans cela, risquerait fort de sauter. Ainsi, dans la France du second Empire, sur laquelle pèse une lourde compression politique, la question religieuse fait office de soupape de sûreté et mène grand bruit en 1862.

C'est une répercussion de la guerre d'Italie. Depuis que Napoléon III a aidé le peuple italien à réaliser son unité, le pape, menacé dans son pouvoir temporel, lui a retiré sa confiance et son appui. Le souverain que l'évêque de Rennes comparaît effrontément à saint Louis, tant qu'il soutenait l'Eglise, est traité aussitôt, par l'évêque de Poitiers, de Pilate qui laisse s'accomplir toutes les iniquités.

Le pauvre Pilate hésite, louvoie. Il a été l'élu des catholiques; il leur a permis d'abattre la citadelle de l'esprit laïque, l'Université, où la classe de philosophie n'est pas encore réta-

blie; il leur a permis de multiplier leurs congrégations au point qu'en 1862 l'on compte,
dans les hospices, les hôpitaux et les écoles,
deux fois plus de religieuses qu'en 1789. Mais
attaqué, honni, pour avoir été l'allié de Victor
Emmanuel, l'excommunié, il s'est défendu ;
il a supprimé des couvents de capucins et de
rédemptoristes; il a fait mine de mettre hors
la loi la Société de Saint-Vincent-de-Paul; il
a pris sous sa protection et sous sa tutelle la
franc-maçonnerie et lui a donné de sa main
un grand-maître en la personne du maréchal
Magnan; il a laissé le ministre de l'Instruction publique, Rouland, réorganiser l'Ecole
normale supérieure, pépinière de professeurs
et d'écrivains peu orthodoxes. Mais l'indécis
qu'il est oscille, ballotté entre deux influen-
ces contraires.

D'une part, un groupe qui se serre autour
du prince Napoléon et de la princesse Ma-
thilde. Ce sont des impérialistes avérés, mais
aussi des fidèles appartenant au grand diocèse
de la pensée libre. Parmi eux figurent Sainte-
Beuve qui, avec sa calotte noire et son visage
rougeaud, a la mine d'un chanoine papelard,
mais qui se souvient d'avoir été carabin et
amoureux du dix-huitième siécle; About, le
voltairien; Taine, le déterministe, pour qui le
vice et la vertu sont des produits comme le
vitriol et le sucre; Renan, le doux ironiste et
l'onctueux défroqué, que la narquoise incré-

dulité de Béranger effarouche et que Daudet comparera bientôt à une cathédrale désaffectée; Emile Augier, adversaire résolu de l'hypocrisie, comme son maître Molière; des médecins et des savants fortement teintés de matérialisme; les Goncourt, Théophile Gautier, Flaubert, purs artistes qui ne connaissent d'autre religion que celle de l'art. Cette petite société a pour centres le Palais-Royal, Saint-Gratien, le dîner du restaurant Magny, qui se fonde en novembre 1862.

A ces bonapartistes, qui sur le terrain religieux se rangent à gauche, se joignent les républicains qui n'ont pas oublié la peine que l'Eglise s'est donnée pour tuer la République de 1848. Lanfrey vient de publier, en 1860, une *Histoire politique des Papes*, qui est, contre eux, un sanglant réquisitoire; la même année, des proscrits et d'autres Français se sont faits les soldats volontaires de Garibaldi; dans la jeunesse intellectuelle, l'avant-garde est franchement émancipée du dogme et se réclame du positivisme et de la morale indépendante.

En face se dressent les catholiques, ou plutôt les cléricaux : car parmi eux se rencontrent des protestants, comme Guizot, qui conseille à ses coreligionnaires la fusion, ou tout au moins l'alliance, avec Rome; parmi eux aussi, étalent une pitié de fraîche date nombre de bourgeois qui ne croient guère et pratiquent peu, sinon par procuration, mais pour qui l'Eglise est avant tout un rempart contre des révolutions où ils n'ont plus rien à gagner, convertis de surface qui veulent une religion pour le peuple et pour les femmes et leur refusent l'instruction gratuite et obligatoire.

Avec eux l'état-major de la troupe comprend la plupart des derniers nobles, chouans de salons et de châteaux, obstinés à défendre l'antique union du trône et de l'autel; et il possède, aux Tuileries, une auxiliaire imprévue, l'impératrice, dont la dévotion espagnole favorise le parti dévot.

Il a, ce parti, des orateurs et des écrivains, des critiques et des journalistes de talent, voire des poètes et des romanciers, qui, tous, obéissent au mot d'ordre venu de Rome: Lacordaire, le dominicain, qui prêche la soumission aveugle au pape; Louis Veuillot, le pamphlétaire angélique et poissard, le Saint-Jean Gueule d'Or du catholicisme militant; Pontmartin, le représentant du catholicisme sémillant; Barbey d'Aurevilly, le paladin du catholicisme flamboyant; Octave Feuillet qui, dans son roman de *Sibylle*, caresse le catholicisme mondain. Déjà la Vierge de Lourdes, depuis 1858, est en possession d'opérer des miracles, et une jeunesse dorée, fleurie, devenue tapageuse et agressive, se pique de faire la leçon à ceux de ses maîtres qui se permettent de ne pas être de son avis sur les mystères de l'au-delà.

Entre ces forces opposées, la lutte est passionnée, véhémente; et l'année 1862 voit se produire deux des épisodes les plus significatifs de la bataille, l'un autour du cours professé par Renan, l'autre autour de la comédie qu'Emile Augier fait jouer au Théâtre-Français.

Le 21 février, les deux armées sont en présence au Collège de France. Deux Frances, celle de la Révolution, celle de la tradition monarchique et catholique, attendent pour savoir de quel côté penchera le nouveau professeur de langue et de littérature hébraïques. Il commence par faire des réserves sur les hommes de 1789 et de 1793. — Respectez la Révolution! lui crie-t-on. — N'allez pas à Compiègne, monsieur! — Ce sont des républicains qui protestent. Puis une phrase se déroule, lente et solennelle, dans un silence inquiet : « *Un homme incomparable*, si grand que — bien qu'ici tout doive être jugé au point de vue de la science positive — je ne voudrais pas contredire ceux qui, frappés du caractère exceptionnel de son œuvre, l'appellent Dieu, fonda la religion éternelle de l'humanité, la religion de l'esprit. » C'est de Jésus que Renan parle ainsi. Et des cris éclatent, cris de réprobation, cris d'enthousiasme, qui se heurtent dans un vacarme assourdissant.

Le lendemain, le cours est suspendu comme « dangereux pour l'ordre public ». Un peu plus tard, le professeur sera révoqué sans autre forme de procès. Mais il s'en faut que le combat soit achevé. Il continue dans la presse. Renan a nommé Rome « un musée de toutes les grandeurs déchues ». Haro sur le mécréant ! Sainte-Beuve, à qui la jeunesse libérale a jadis jeté des sous sur sa chaire par dégoût de son ralliement intéressé au coup d'Etat, saisit avec adresse l'occasion de se refaire une popularité.

Il a d'ailleurs des injures personnelles à venger. Pontmartin a dit de lui : « Il excellerait à distiller une goutte de poison dans une fiole d'essence ». Laprade s'est moqué du critique complaisant, racoleur d'écrivains domestiqués pour le compte de l'Empire. Il a raillé ses vers pénibles, son goût pour les odeurs d'hôpital et d'alcôve, et ces voluptueux

. . . . . déplumés
Brûlés de plus de feux qu'ils n'en ont allumés.

Il est vrai que Laprade, professeur à la Faculté des Lettres de Lyon, a été révoqué, lui aussi, pour ses satires contre le monde officiel. Un coup à droite, un coup à gauche : les gouvernements aiment ce jeu de bascule.

Mais Sainte-Beuve ne désarme pas. Dans deux de ses *Lundis*, il fait l'apologie de Renan, et il dénonce le néo-catholicisme, « ce catholicisme agité et agitant, superficiel et matériel, fiévreux, ardent à profiter de tous les bruits, de toutes les vogues et de toutes les modes du siècle, de tous les trains de plaisir ou de guerre qui passent ».

Un peu plus tard, le critique (qu'en penseraient les catholiques d'aujourd'hui ?) fait grief aux jeunes gens enrôlés sous cette bannière d'être dénués du sentiment fondamental de patrie et de nationalité, de n'avoir point les traditions de 1789, ni même de la France antérieure.

La bataille se ravive en décembre. Augier, non sans peine, parvient à faire représenter *Le Fils de Giboyer*. Il a remis en scène Giboyer, le bohème, et il a fait de lui un héros de l'amour paternel, si bien que je me rappelle avoir vu jouer la pièce à Berlin, sous le titre inattendu de *Der Pelekane* (Le Pélican).

Cela serait fort innocent, si Giboyer ne nous était présenté comme le successeur sans scrupules de Déodat. Or, Déodat, c'est Veuillot, « le hussard de l'orthodoxie », le pieux insulteur dont le poète définit ainsi la manière : « Rouler le libre penseur, tomber le philosophe, tirer la canne et le bâton devant l'arche... un mélange de Bourdaloue et de Turlupin; le *Dies iræ* sur le mirliton ».

Le vrai titre de la pièce serait *Les Cléricaux*, et Augier l'avoue hautement. Il y passe, en effet, au fil de l'épée, le grand seigneur sceptique et libertin qui trouve les préceptes de l'humilité chrétienne excellents pour les autres; le protestant qui, par peur et frénésie conservatrices, renie ses principes et ses pères; le bourgeois enrichi qui s'avise que les philosophes ont fait bien du mal en détruisant, chez les pauvres, la foi en une vie future et, par suite, la résignation passive au présent; la fausse grande dame, une soi-disant baronne allemande, qui, en se trémoussant pour l'Œuvre des petits Chinois et autres amusettes charitables, réussit à faire oublier sa roture et à pêcher en eau trouble un mari de tout repos.

Le succès fut d'autant plus éclatant qu'il fut plus disputé. Laprade décoche à son confrère une satire intitulée : *La chasse aux vaincus.* Il lui reproche d'être un flatteur, un courtisan du maître, un persécuteur d'êtres inoffensifs :

Guerre aux gens attardés, murés sans perspectives
Dans les opinions les plus improductives;
. . . .
Qui vivent sans galon, même sans ruban rouge!

Il égratigne, en passant, Désiré Nisard, directeur de l'Ecole Normale :

Guerre aux petits esprits qui n'ont pas deux mora-
[les!

Au confrère qui *l'engueule* en vers, comme écrit Mérimée, Augier riposte en prose : —

Plaisants vaincus, que l'on trouve partout, qui occupent toutes les avenues! Plaisantes colombes, qui ont bec et ongles, et qui savent joliment s'en servir!

Ces polémiques, qui ne sont pas près de finir, accusent et accélèrent le réveil des esprits en France. Bien curieuse est l'attitude de la jeunesse qui pense; des cléricaux, elle garde leurs mépris et leurs insolences contre l'Empire, despote en matière politique; des anticléricaux, elle garde leurs railleries et leurs colères contre l'Eglise catholique, despote en matière religieuse. Elle est sur la voie d'un double affranchissement.

LE RÉVEIL POLITIQUE

On dit qu'il existe encore des Français qui regrettent le régime du second Empire. Comme je ne suppose pas que ce soit pour la gloire récoltée à Sedan, il faut qu'ils aient un terrible appétit de servitude, tout au moins pour les autres; car jamais la France ne fut plus ligotée.

D'abord, au lendemain du coup d'Etat, qui reste la tare originelle du gouvernement parjure, sa tache de sang et de honte ineffaçable, une dictature pure et simple; des décrets qui remplacent la loi; des proscriptions sans jugement; puis, lorsque l'empereur daigne se passer le luxe d'une Constitution, rien que la parodie du suffrage universel, faussé, corrompu, avili.

Un corps législatif, dont les députés, nommés au scrutin de clocher, sont désignés, soutenus, au besoin glissés en contrebande ou imposés de force par des fonctionnaires qui sont intangibles devant les tribunaux, assemblée enregistreuse et insignifiante qui ne peut ni proposer ni amender un projet de loi, qui délibère à huis clos, sans tribune, sans voir ni entendre les ministres, sans autre prérogative que la faculté de rejeter en bloc le budget de chaque ministère.

Tout le pouvoir aux mains du Conseil d'Etat, du Sénat et du Cabinet dont les membres sont choisis par le maître. Autant dire tout le pouvoir aux mains d'un seul homme, qui peut faire la paix, la guerre, octroyer ou suspendre des libertés, qui prétend être le vrai représentant du pays, même contre la représentation nationale.

Pour les citoyens, défense de s'associer ou de se réunir plus de vingt, même en période électorale, fût-ce pour le plus innocent des objets; sinon, amende, prison, dégradation civique et transportation en vertu de ce qu'on appelle la loi de Sûreté générale. Le journal, déjà entravé par un cautionnement énorme, par les frais de timbre et de poste, obligé d'insérer des communiqués qui peuvent envahir toutes ses colonnes, n'a qu'une vie précaire sous une perpétuelle épée de Damoclès; averti deux fois, il est suspendu; condamné deux fois ou, plus simplement, si tel est le bon plaisir de l'autorité, il est supprimé. Les livres même sont saisis chez le libraire ou arrêtés à la frontière, pour peu qu'ils contiennent l'éloge d'une Constitution étrangère ou quelque opinion qui déplaît en haut lieu.

Il est vrai que, depuis le 24 novembre 1860 (c'est encore une répercussion de la guerre d'Italie), ce filet aux mailles si serrées s'est un peu relâché. Par un ukase impérial, le Sénat et le Corps législatif sont autorisés à discuter une adresse au souverain; leurs débats sont reproduits *in extenso;* le budget est divisé en sections, qu'on peut voter ou rejeter. C'est ce qu'on nomme l'Empire libéral. Un rayon de lumière filtre à travers les volets fermés de la Chambre, où dix-huit places sont réservées à la curiosité du public. Une ombre de contrôle peut s'exercer sur les finances de l'Etat.

Mais c'est toujours le pouvoir personnel dans toute sa brutalité, le despotisme militaire et policier appuyé sur une armée professionnelle où des officiers, qui forment une caste à part, commandent à des soldats que le sort ou un contrat de vente, au profit de quelque fils de bourgeois, leur livre pour sept ans entiers.

L'empereur, seul responsable, seul à décider, se place sous l'invocation de César, dont il écrit la vie, et ce fétichiste, qui a déjà choisi l'anniversaire d'Austerlitz pour le déshonorer par son guet-apens nocturne, date la préface de son livre, du 20 mars 1862, c'est-à-dire du jour où Napoléon, au retour de l'île d'Elbe, est rentré aux Tuileries. Là « ce César de seconde main », ainsi que dira plus tard Sainte-Beuve, se donne pour l'exécuteur testamentaire de « ces êtres privilégiés qui apparaissent de temps en temps, dans l'histoire, comme des phares lumineux », avec la mission providentielle de tracer aux peuples leur chemin.

Toutefois, en dépit de la Providence, le peuple français ne suit pas docilement.

D'abord il y a une France hors de France, et ce n'est pas la moins brillante. Elle se compose des proscrits qui ont repoussé comme injurieuse l'amnistie qu'on leur offrait. Si Ledru-Rollin a l'honneur d'en être exclu, Louis Blanc, Pierre Leroux demeurent volontairement en Angleterre, Barbès à la Haye, Barni et Quinet en Suisse. Victor Hugo, sur son rocher de Guernesey, soutient, armé seulement de sa plume, le duel héroïque en son genre qu'il a engagé avec le souverain campé aux Tuileries. Charras, Félix Pyat, Madier-Montjau, Schœlcher, bien d'autres s'obstinent dans leur exil et dans leur mépris à l'égard de l'empereur : ce sont eux qui refusent de lui faire grâce !

A ce courant de réprobation qui vient du dehors correspond un mouvement intérieur. Il est vaguement libéral autour du prince Napoléon qui, faisant son métier de branche cadette, groupe de calmes mécontents. A l'Académie française, dans les églises, dans les salons orléanistes et légitimistes, il est intermittent, sournois, et se trahit surtout par des bouderies et par des mots qui égratignent.

Il est déjà plus sérieux au Parlement. Cinq députés y représentent l'opposition, J. Favre, Darimon, Ernest Picard, Emile Ollivier, Hénon, opposition discrète, principalement financière et toute en paroles, qui a pourtant quelque retentissement, bien qu'Emile Ollivier soit dès lors sur la pente qui mène au ralliement.

Mais les vrais centres de résistance sont les salons républicains de Carnot, de Garnier-Pagès, d'Hérold, de Laurent Pichat, de Mme d'Agout. Si Lamartine, à bout d'expédients et de ressources, accepte une souscription nationale qui le ravale au rang d'obligé de l'Empire, la plupart des hommes de 1848 demeurent debout dans leur intransigeance. Autour d'eux les proscrits rentrés forment une phalange qui ne désarme pas. Ils complotent d'escalader le mur des Tuileries, de s'emparer de l'empereur; des poursuites sont entamées contre cinquante-quatre prévenus, et parmi les défenseurs apparaît déjà le nom inconnu de Gambetta.

Blanqui, l'éternel conspirateur, est enfermé à Sainte-Pélagie depuis 1861, et voici qu'il y devient un ferment redoutable. Car là viennent le rejoindre quantité de démocrates : Ranc, Jules Miot, Vacherot, Eugène Pelletan; puis des jeunes qui s'étonnent des façons mystérieuses du Vieux, mais l'admirent comme un vétéran éprouvé; Tridon, Germain Casse, Jean Dolent, Vermorel, Scheurer-Kestner, Clemenceau, dont il s'écartera, parce qu'il le trouve trop parlementaire et trop ami de Delescluze.

Cette affluence de prisonniers politiques prouve que le quartier Latin se réveille. Dès 1860, Jacques Richard, au Concours général, a protesté, en vers vibrants, contre l'inconvenance commise par le courtisan qui, à des fils d'exilés, a proposé comme sujet de composition l'éloge funèbre du piètre héros que fut Jérôme Napoléon; et du coup il est devenu populaire parmi la jeunesse.

Dans les institutions Favart, Massin, Sainte-Barbe, où enseignent des professeurs démissionnaires ou révoqués pour refus de serment à l'empereur, Eugène Despois, Fréd. Morin, Alfred Assolant, etc., on correspond avec les proscrits; on lit les *Châtiments*, qui passent la frontière cachés dans des bustes en plâtre de Napoléon III; on se passionne pour la Pologne et les nations opprimées. Un des élèves de ce temps-là, M. Lavisse, écrit dans ses *Souvenirs:* « Mes camarades et moi, nous aimions toutes les âmes des peuples; les violences faites à quelques-unes m'étaient si odieuses que j'en souffrais... Nous sentions qu'être nés en France, c'est une noblesse. »

Les étudiants plus âgés sifflent *Gaëtana,*

d'About, parce que l'auteur est le protégé d'un prince de la famille impériale. Ils crient au cours de Renan : « Vive Hugo ! Vive Quinet ! » Ils s'échauffent au café Procope en discussions où gronde la voix de Gambetta. Ils fondent de petites feuilles qui paraissent quelquefois et meurent bientôt de leur belle mort ou tuées par un procès, mais renaissent sous un autre nom. Elles s'appellent le *Sans le sou*, la *Bohème*, l'*Aurore*, la *Fronde*, la *Revue pour Tous*; la *Jeune France*, où Louise Michel écrit près d'Isambert; la *Jeunesse*, où Ulbach et Henri Lefort côtoient Rogeard ; la *Philosophie positive*, où Littré a pour collaborateurs Jules Ferry et Wyrouboff; le *Travail*, où Clemenceau fraternise avec Méline, où Protot et Germain Casse organisent des manifestations en l'honneur du 24 février 1848, où Zola s'écrie en vers :

Oh! courage, mon siècle! Avance, avance encore!

Cet ébranlement, qui gagne la province où le médecin et l'instituteur sont les adversaires-nés du maire non élu et du curé, se fait aussi sentir, dans Paris, à la grande et à la petite presse. La grande, étroitement surveillée, se livre parfois à de savantes combinaisons mercantiles. C'est le temps où l'*Etendard* offre à ses abonnés d'un an le choix « entre vingt-huit articles de lingerie, d'une qualité supérieure, d'une exquise fraîcheur et d'une valeur de 40 francs, ce qui réduit le prix de l'abonnement à 24 francs »; où Ville-messant imprime le *Grand Journal* sur cali-cot, de sorte qu'il peut servir de serviette; où des directeurs entreprenants imaginent, pour allécher les lecteurs, des primes variées et des rabais chez les commerçants.

Mais la petite presse, comme on la nomme avec dédain, celle qu'on entend réduire à divertir le public et tenir à l'écart de la poli-tique, comme on éloigne les enfants des allu-mettes, mord quand même au fruit défendu. Si le *Petit Journal* et les feuilles d'informa-tion, qu'a fait éclore par dizaines la guerre d'Italie, se renferment dans les limites étroites qu'on leur fixe, le *Figaro*, le *Nain Jaune*, le *Charivari* cultivent l'art de dire quelque chose en ayant l'air de ne rien dire

C'est le règne de l'allusion, du demi-mot. César, puisque César il y a, paye et pâtit pour Napoléon III. Tacite, ce gueux de Tacite, comme dit Laprade, redevient un contem-porain. Le *Courrier du Dimanche*, avec Pré-vost-Paradol, sème des ironies et récolte des amendes. Aurélien Scholl et Villemot lancent à jet continu des sarcasmes voilés. N'est-ce pas Villemot qui se plaint d'être condamné à constater « que les colzas ont baissé et que les suifs sont fermes. Et encore, ajoute-t-il, n'y a-t-il pas dans cette fermeté des suifs quelque chose d'inquiétant pour l'ordre établi ? »

Comme le pouvoir est tout personnel, personnelle est aussi l'attaque. L'impératrice, à l'Odéon, est accueillie par la chanson du *Sire de Framboisy* :

Corbleu! madame! que faites-vous ici?

Un étudiant va criant sur le boulevard : « Quel gredin que ce Louis ! » Un autre répond : « Et cette Eugénie, quelle coquine ! » Nargue de la police ! Comment pourrait-elle, sans commettre le crime de lèse-majesté, déclarer qu'elle a reconnu là les souverains ? Qu'elle essaie donc d'incriminer les gens qui, lors d'une indisposition de l'empereur, demandent avec sollicitude : « Comment va l'animal malade de la peste ? »

Ainsi se créent un état d'esprit boulevardier et un journalisme gouailleur qui s'efforcent de frapper les idées à travers les personnes; journalisme inférieur et puissant sur les foules, dont les procédés se prolongeront jusqu'à nos jours et dont les armes empoisonnées vont être maniées avec supériorité par un sous-inspecteur des Beaux-Arts de la Ville de Paris qui se nomme Henri Rochefort.

Sous des formes que nécessite et légitime le manque de liberté, la poussée démocratique a recommencé .

LE RÉVEIL OUVRIER

La bourgeoisie française, au lendemain de sa grande victoire en 1848-1849, se berça d'une agréable illusion. Elle se crut pour longtemps assurée d'une domination tranquille. En 1854, Louis Reybaud, membre de l'Académie des sciences morales et politiques, célébrait avec allégresse la mort du socialisme.

La plupart des associations coopératives de production qui avaient reçu des subventions de l'Etat républicain avaient péri; les autres sociétés ouvrières avaient été purement et simplement étranglées; les principaux théoriciens socialistes étaient exilés et leurs ouvrages arrêtés à la frontière; les économistes de l'école orthodoxe étaient les maîtres du terrain scientifique, si bien que l'Empire, en 1862, pouvait sans danger accorder à Frédéric Passy la permission d'ouvrir à Bordeaux un cours libre d'économie politique.

Si Proudhon venait de publier son volume sur *La justice dans la Révolution et dans l'Eglise*, Léon Walras, alors à ses débuts, en avait fait une critique très vive sous ce titre : *L'Economie politique et la justice*. Il n'y avait plus de corps de doctrine qui s'opposât à la science officielle.

Cependant la transformation technique de l'industrie continuait en s'accélérant. Les associations de capitaux allaient sans cesse croissant en nombre et en ampleur. Les patrons, en dépit de la loi, formaient de puissants syndicats; les entrepreneurs du bâtiment en fondaient un à Lyon en 1862, et Berryer, plaidant pour des ouvriers coupables d'avoir réclamé un tarif collectif, pouvait dire qu'il existait de nouvelles corporations de maîtres. Aux fabricants gênés par le brusque abaissement des douanes en 1860 des subventions compensatoires avaient été consenties.

Cependant, pour la classe ouvrière, incessamment accrue, surtout à Paris, par les grands travaux de démolition et de reconstruction, on sentait vaguement qu'il fallait faire quelque chose. Certains patrons, bien intentionnés, créaient des habitations à bon marché; d'autres adjoignaient des économats à leurs usines. Bien que l'exemple de la participation aux bénéfices, donné par Leclaire, fût peu suivi, Godin se préparait à introduire au Familistère de Guise une sorte de fouriérisme atténué.

Mais surtout pour cette masse qui votait et qui méritait dès lors d'être ménagée, on essayait d'une façon de socialisme césarien. L'empereur, que Sainte-Beuve, en un jour de flatterie hardie, traitera de « socialiste éminent », semblait se ressouvenir d'avoir écrit L'*Extinction du paupérisme*. Il songeait à domestiquer le prolétariat à son profit. Il paraissait prêt à reprendre le rôle traditionnel des « tyrans » dans les villes grecques et des chefs militaires dans les communes italiennes.

Il y eut donc des velléités de réformes, des projets d'assurances et de retraites pour la vieillesse, une société dite du Prince Impérial qui eut pour sous-titre : Prêts de l'enfance au travail. Mais tout cela était timide, incohérent; on craignait de déplaire au grand patronat qui avait été une des forces coalisées dont l'Empire était né. On ne donna aucune suite à une pétition qui fut adressée au Sénat, en 1862, pour réglementer l'emploi des enfants dans les fabriques.

Tout cela était vicié encore par le désir qu'on laissait voir de tenir en tutelle ceux qu'on se piquait de protéger; ainsi aux sociétés de secours mutuels étaient adjoints des membres honoraires payants, qui devaient aider à les faire vivre et glisser dans leurs rangs un esprit conservateur. Le prince Napoléon, de même qu'il se chargeait de gagner à la cause impériale les gens de lettres, remplit aussi pour les ouvriers la fonction de tentateur. Avec lui Armand Lévy, dans l'*Espérance*, Guéroult, dans l'*Opinion nationale*, puis une série de brochures prêchèrent au peuple des faubourgs le détachement des anciens partis et le ralliement à la dynastie.

Toutefois, parmi les avances intéressées et les réformettes au compte-gouttes, il y eut deux mesures dont la portée dépassa notablement les prévisions de ceux qui les conseillèrent ou les prirent.

La première fut relative aux coalitions. On sait qu'elles étaient passibles de l'amende et de la prison. Une grève de typographes parisiens n'en avait pas moins éclaté. Les grévistes se plaignaient qu'on eût introduit dans les ateliers des travailleuses au rabais, des femmes payées au-dessous du tarif. Cinq compositeurs avaient été aussitôt arrêtés et condamnés (mai 1862).

Mais, quelques jours après, 2.400 ouvriers imprimeurs adressaient personnellement à l'empereur une pétition où, faisant remarquer que l'imprimerie était placée sous un régime spécial, ils demandaient une chambre syndicale comme les patrons en avaient une, des tarifs collectifs et périodiques, la limitation du nombre des apprentis.

Une nouvelle grève amenait de nouvelles arrestations. Mais, le 30 août, par ordre de l'empereur, les prévenus étaient mis en liberté

provisoire. Ils n'en étaient pas moins condamnés en novembre; seulement ils étaient gra-
ciés dix jours plus tard; deux de leurs camarades étaient allés à Compiègne solliciter cette
faveur.

C'était, de fait, effacer du code le délit de
coalition ; et, jusqu'au jour prochain où il
allait en disparaître, les poursuites se raré-
fièrent. Les chiffres sont éloquents :

1861	63
1862	44
1863	29
1864	21

La grève, cette arme redoutable jusqu'alors
prohibée, était bien près de devenir une arme
légale aux mains des ouvriers.

L'autre mesure, dont les conséquences ne
devaient pas être moindres, fut en cette même
année l'envoi à l'Exposition universelle de
Londres d'une délégation ouvrière française.
L'idée en avait été lancée dans le *Progrès de
Lyon* par Arlès-Dufour, un industriel qui était
un ancien saint-simonien. Elle fut goûtée en
haut lieu, à supposer qu'elle n'y eût pas pris
naissance.

Un double courant se produit alors dans
la classe ouvrière. Les uns acceptent le patro-
nage.officiel; ils ne repoussent pas la livrée
du Palais-Royal; ils ne dédaignent pas l'intermédiaire du prince Napoléon. Les autres

veulent garder leur indépendance. Dès octobre 1861, un ouvrier ciseleur en bronze, Tolain, a écrit dans une lettre ouverte : « Il n'y a qu'un seul moyen, c'est de nous dire : — Vous êtes libres; organisez-vous; faites vos affaires vous-mêmes; nous n'y mettrons pas d'entraves. »

On n'osait pas ainsi desserrer la bride; on hésita; on se tira d'embarras par un compromis; on fit désigner les délégués par une commission dont les membres furent les présidents des sociétés ouvrières de secours mutuels; on leur accorda une subvention; on leur imposa en retour des rapports sur leur voyage. Deux cents délégués allèrent à Londres du 19 juillet au 15 octobre.

Les effets de ce qu'ils virent outre-Manche furent considérables. Les rapports qu'ils ont laissés sont curieux à étudier au point de vue technique, plus encore au point de vue social. Les Français furent frappés du spectacle que leur offraient leurs camarades anglais avec leurs hauts salaires, la journée de dix heures dans certains métiers, les commissions mixtes instituées pour prévenir ou régler les conflits, les trade-unions assez puissantes pour se faire respecter. Quelques-uns même furent si bien éblouis de ces avantages qu'ils restèrent en Angleterre.

Ceux qui revinrent réclamèrent d'un ton ferme, quoique conciliant, la protection légale même pour les travailleurs adultes, le droit de faire grève, et, avant tout, la liberté de s'organiser, de fonder des syndicats.

Aux leçons de l'exemple, qui ont tant d'autorité, était venu s'ajouter ce qu'ils avaient entendu de la bouche de leurs camarades. — L'union des travailleurs entre eux, leur avait-on dit, sera leur unique moyen de salut. — Et l'idée d'une entente internationale entre les ouvriers de tous pays germait déjà dans les cerveaux. On alla jusqu'à proposer dans une réunion l'établissement de comités ouvriers permanents qui se renseigneraient mutuellement sur les conditions de l'industrie dans leurs différentes patries.

Puis les délégués avaient rencontré, retrouvé, sur le sol britannique, des proscrits de 1848, non seulement des chefs républicains, mais des amis et des compagnons qui s'étaient refait à l'étranger une position et qui gardaient au cœur leurs rêves et leurs rancunes.

Il s'ensuivit que, par leurs écrits et plus encore par leurs propos, les délégués rentrés à Paris et dans les grandes villes de France devinrent pour la classe ouvrière de véritables ferments. Dès la fin de l'année, une scission s'opérait entre ceux qui suivaient Chabaud et demeuraient amis de l'Empire, et les plus nombreux qui suivaient Tolain et allaient, selon une tradition déjà vieille, à la République.

Singulière destinée du gouvernement impérial ! Avec sa manie de faire deux pas en avant et un pas en arrière, d'entamer des affranchissements sans les achever, d'éveiller des espérances pour les décevoir ensuite, il aboutissait, comme il l'avait fait en Italie, comme il était en train de le faire en France dans sa politique générale, à tourner contre lui les gens qu'il tâchait de gagner, plus mécontents de ce qu'on leur refusait que reconnaissants des demi-libertés et des demi-faveurs qu'on leur octroyait.

LA VIE INTELLECTUELLE

Il n'est pas, je crois, une année de ce tumultueux et fécond XIXe siècle qui n'ait été riche en œuvres littéraires et artistiques. L'année 1862 ne fit pas exception. Le public, ou plutôt les publics multiples, que l'on confond sous cette unique dénomination, eurent lieu d'être satisfaits.

Comme toujours, à côté des vieux entrés dans la gloire, figurent des jeunes qui, à leur tour, sont en passe de conquérir la renommée. Comme toujours aussi, la génération nouvelle réagit contre la précédente en même temps qu'elle la continue.

Donc d'une part, en France ou hors de France, les vétérans du romantisme : Victor Hugo, cerveau d'acier trempé par l'exil, la solitude, l'Océan; Alfred de Vigny, qui semble un prophète sortant du désert avec ses poèmes qu'il intitule *Les Oracles;* Alexandre Dumas père, le conteur inépuisable, dont la verve mousseuse s'évapore quelque peu; George Sand, sur qui des romans à clef,

comme *Lui et Elle* de Paul de Musset, ramènent l'attention en soufflant sur les cendres
des amours éteintes; Michelet, qui répand son
trop plein de vie sur le passé et sur la nature;
Sainte-Beuve, résigné à n'être plus qu'un critique très écouté; Gautier, qui devient, sans
y tâcher, presque un chef d'école, le patriarche de l'art pour l'art.

D'autre part, des écrivains, des peintres,
des sculpteurs, qui portent, bon gré, mal gré,
l'empreinte du romantisme, mais qui en rail-
lent les grands mots et les grands cris, les
éclats de passion et de couleur, les généreux
enthousiasmes et les truculentes exaltations;
qui, par dérision, comme Courbet, infligent à
l'idéal le sobriquet de *l'ideïal;* qui se piquent
d'être réalistes, impassibles, positifs et scientifiques comme Taine, ironistes comme Renan,
parodistes comme Banville, dégagés de toute
velléité d'agir sur les hommes ou les choses,
grands prêtres de la « blague », de la désillusion et du dilettantisme.

Au Salon annuel, la lutte est vive entre les
artistes déjà consacrés et ceux qui inquiètent
par leurs tendances nouvelles. Si les Guil-
laume, les Cain, les Fremiet, les Fromentin,
les Tony Robert-Fleury et bien d'autres sont
en pleine possession de leur talent et de leur
succès, si l'école de Barbizon avec Millet et Cie
triomphe d'une longue indifférence, si Viollet-
Leduc s'est fait une lucrative spécialité de

restaurer les monuments anciens, Carpeaux avec ses personnages d'allure si moderne rencontre encore des résistances; Manet et ses amis font scandale; ils sont exclus des expositions officielles et, crânement, ils ouvriront en 1863 le Salon des Refusés.

En littérature, le roman est le grand favori. Sous forme de feuilleton, il est pour les lecteurs et surtout pour les lectrices de journaux l'appât indispensable. Egrillard et pot-au-feu sous la signature de Paul de Kock, il est le régal des bourgeois et, par un contraste inattendu, de Blanqui, leur épouvantail, qui préfère d'ailleurs About à Balzac. Avec Murger, il a mis à la mode le monde de la bohème, dont le pittoresque débraillé n'a pas encore disparu, témoin Flaubert et Gautier qui s'amusent à danser, l'un l'*Idiot des Salons*, l'autre *Le pas du créancier*.

Déjà se montrent sur des couvertures jaunes des noms destinés à la célébrité : Emile Zola avec *Les Confessions de Claude*, Ferdinand Fabre avec *Les Courbezon*. Jules Verne a entamé la série de ses histoires merveilleuses. Mais ce sont deux grands romans-poèmes qui séduisent et passionnent l'opinion.

Victor Hugo lance, de son rocher de Guernesey, son épopée populaire des *Misérables*. L'ouvrage, dès le jour de son apparition, est traduit en neuf langues; il est mis en vente dans toutes les grandes capitales à la fois.

S'il faut en croire une anecdote qui est peut-être une légende, c'est à cette occasion qu'auraient été échangés les deux plus courts télégrammes connus. Victor Hugo, pour savoir si l'œuvre réussissait, aurait télégraphié un simple point d'interrogation (?); et l'éditeur aurait répondu par un point d'exclamation ou d'admiration (!).

D'emblée, en effet, le saint évêque Myriel, Jean Valjean, le forçat évangélique, Cosette, Enjolras, le héros et le martyr de l'émeute républicaine, le père Mabeuf, prototype des savants distraits et raisonneurs qu'Anatole France se plaira plus tard à crayonner, prennent rang par droit de conquête au nombre de ces êtres privilégiés qui, sans avoir jamais vécu, vivent dans toutes les mémoires; et avec eux Gavroche, le gamin de Paris, narquois et brave, mauvaise tête et bon cœur, qui casse en riant les réverbères et les gouvernements et sait mourir, une chanson aux lèvres.

On discute âprement pour savoir si l'auteur a eu raison, en racontant Waterloo, d'imprimer en toutes lettres le mot de Cambronne, et Sainte-Beuve, qui déteste Hugo et le supprime gaillardement dans ses articles, profite de l'occasion que lui offre Thiers, en publiant, lui aussi, dans le dernier volume du *Consulat et de l'Empire*, un récit de Waterloo, pour faire le dégoûté et pour protester, au nom de la majesté de l'histoire, contre l'héroïsme mal embouché. Barbey d'Aurevilly, de son côté, vilipende le poète, qui n'est pas assez catholique à son gré, et cela lui vaut de pouvoir lire pendant plusieurs jours sur une quantité de murs cette inscription peu flatteuse : « Barbey d'Aurevilly idiot. »

Pendant que Victor Hugo plonge au cœur de la société qu'il a connue, Flaubert, par horreur de la vulgarité moderne, s'est enfui dans l'antique Carthage et il effarouche les bonnes gens en accumulant autour de *Salamm'bô* les horreurs, les cruautés, les morts tragiques et atroces. Il a pour lui les amoureux du beau style et des restitutions archéologiques; il regimbe contre Sainte-Beuve qui l'accuse de sadisme et il se reconnaît seulement coupable d'avoir donné à son héroïne un trop vaste piédestal.

Le théâtre se débat contre les fantaisies de la censure, qui prétend imposer aux pièces des dénouements soi-disant moraux; qui a peur d'un drame où revivent *Les Volontaires de Quatre-Vingt-Douze;* qui découvre un danger dans cette phrase : « Je ne daignerai pas me disculper devant *cette foule d'imbéciles* », parce que le public pourrait entendre *Fould imbécile,* ce qui serait injurieux pour un ministre de l'Empire.

Mais il a beau pleuvoir des interdictions; les auteurs dramatiques passent entre les gouttes. Cherchez-vous les heureux du moment ? Ils s'appellent Augier, Labiche; Dumas fils se repose cette année-là; mais Sardou fait jouer *Les ganaches;* Meilhac, des marivaudages pimentés qui se nomment : *Les Brebis de Panurge* et *La Clé de Métella.* Le duc de Morny se déguise en M. de Saint-Remy pour faire applaudir dans les cercles mondains de petits proverbes qui n'ajoutent rien à sa réputation d'esprit. Les auteurs de féeries, économes d'imagination, font représenter, sous des titres divers (*Rothomago, La chatte merveilleuse,* etc.), une pièce qui est toujours la même.

Pour la musique, Reyer (*Erostrate*), Félicien David (*Lalla-Roukh*), Gounod (*La reine de Saba*) occupent les affiches; et il y a des débutants et des débutantes qui promettent et tiendront; c'est Massenet qui remporte au Conservatoire le second prix de contrepoint; c'est Adelina Patti, c'est Galli-Marié qui commencent leur brillante carrière à l'Opéra et à l'Opéra-Comique. Mais le compositeur le plus en vogue est sans contredit Offenbach; l'opérette, qui bouffonne, gouaille, parodie, répond au goût de l'époque; *Orphée aux Enfers* a réussi, en 1860, de façon étourdissante et ses refrains endiablés voltigent sur toutes les lèvres.

La société d'alors aime par-dessus tout ce qui l'amuse; elle fait fête à *La Vie Parisienne* qui se fonde cette année même; elle transforme, grâce à Nadaud, les gendarmes en personnages comiques. Mais la poésie grave n'attire plus qu'une élite peu nombreuse d'admirateurs. La *Mireille* de Mistral, qui vient de paraître, porte la peine d'être écrite en provençal; les *Poèmes barbares* de Leconte de Lisle étonnent et déroutent par leur accent âpre et sauvage. Chez leurs confrères, il y a comme un rétrécissement de la veine poétique qui, depuis quarante ans, coulait à gros bouillons. Quelques-uns, en quête de nouveautés, raffinent et subtilisent à outrance. Beaucoup se contentent de ciseler amoureusement des flacons qui contiennent une goutte d'essence et qui parfois même ne renferment plus que l'âme d'un parfum envolé.

On pourrait constater un mouvement analogue dans l'histoire, qui tend à devenir plus froide, moins vivante, moins éloquente, mais aussi plus précise, plus érudite, plus sévère; et ainsi, somme toute, s'il y a décadence évidente dans certains genres littéraires, il y a simple transformation dans les autres, si bien que, malgré l'abaissement moral qui marque le second Empire, on est en droit de conclure avec Sainte-Beuve que le génie français fait encore bonne figure dans le monde.

Principaux ouvrages consultés pour l'année 1862 :

Journal des GONCOURT (2ᵉ volume). — SAINTE-BEUVE, *Nouveaux Lundis* (t. II, III, IV). — DE LA-PRADE, *Poèmes civiques.* — EM. AUGIER, *Le fils de Giboyer.* — DE PONTMARTIN, *Les jeudis de Madame Charbonneau.* — E. LAVISSE, *Souvenirs.* — H. ROCHEFORT, *Aventures de ma vie.* — *Les transformations de Paris sous le second Empire* (catalogue de l'exposition qui fut faite à la Bibliothèque de la Ville de Paris). — I. TCHERNOFF, *Le parti républicain sous le second Empire.* — G. WEILL, *Histoire du mouvement social en France (1852-1910).* — ALBERT THOMAS, *Le second Empire* (t. X de l'Histoire socialiste). — *Aspromonte* (publication de la *Rivista popolare*, 1912). — ANDLER, *Bismarck.* — BOUGLÉ, *Proudhon.* — G. RENARD et ALBERT DULAC, *L'évolution industrielle et agricole depuis cent cinquante ans.* Etc.

———

1887

1887

LE MONDE A VOL D'OISEAU

———

Nous voici arrivés au dernier quart du siècle dont nous avons entrepris de dresser le bilan à quatre époques de son existence. Que faisait-on, que disait-on, que pensait-on il y a vingt-cinq ans ?

Vingt-cinq ans ! Cela paraît bien long, quand on regarde devant soi. Cela est bien court, quand on regarde en arrière. Et de fait le recul manque; on voit mal les grandes lignes; le détail cache l'ensemble; on risque de se tromper sur la perspective, sur les proportions vraies des hommes et des choses.

Puis on n'a plus affaire à des morts, mais à des vivants qui évoluent encore, qui peuvent demain démentir leur passé ou révéler par quelque acte inattendu le secret de leur carrière. On a sous les yeux des mouvements en cours dont la courbe échappe, des événements dont les causes réelles restent cachées dans les cartons des chancelleries, des apparences qui prêtent aux conjectures, aux illusions, aux erreurs. Tout cela conseille la prudence à l'historien qui veut tracer du monde tel qu'il était alors un tableau ressemblant

Pourtant si l'on considère l'Europe, on reconnaît vite qu'elle a changé de face depuis 1870. L'Allemagne impériale est devenue la puissance prédominante, et sa victoire est celle de la force brutale, du militarisme, de la politique de conquête, de l'esprit rétrograde et positif dont est animée son organisation aristocratique de l'Etat et de l'armée. C'est pour longtemps un arrêt imposé aux idées de la Révolution française, aux désirs, ou comme disent les vainqueurs, aux rêves que représente sa triple devise.

Bismarck incarne puissamment ce mépris de l'idéal, cette haine des théories égalitaires et fraternitaires. Par l'annexion violente de l'Alsace-Lorraine, par la violation du droit qu'a tout groupe d'hommes de choisir sa nationalité, il a fait reculer l'Europe vers les âges barbares; il a rouvert chez elle une ère de luttes héréditaires pour un lambeau de territoire; il a inauguré une nouvelle et longue période d'inquiétudes, de défiances mutuelles, d'armements offensifs et défensifs.

Il sent bien que son œuvre d'hégémonie allemande et de réaction européenne est fragile. Pour la consolider, en même temps qu'il combat en Allemagne les tendances de réforme sociale, il s'efforce de grouper autour de l'Allemagne triomphante un faisceau qui la garantisse contre les retours de fortune. Après un essai de Sainte-Alliance entre les trois Empires qui représentent la tradition autoritaire, il organise une triple alliance, où l'Autriche et l'Italie figurent à l'état de comparses dociles.

La puissance qu'il s'agit toujours de tenir en respect est la République française. Bismarck la pousse vers les entreprises coloniales où elle doit contredire ses principes en se faisant conquérante et dépenser le trop plein de son énergie; il l'aiguille vers le Soudan, le Congo, le Tonkin, où elle peut gagner des territoires lointains et un peu de gloriole. Mais, avec un manque de générosité qui est aussi un manque d'habileté, il prodigue en même temps à la grande vaincue les mots durs, les procédés blessants; il s'acharne à la tenir sous une menace perpétuelle.

Comme il éprouve quelque résistance à faire voter par son Parlement un énorme budget militaire calculé pour sept ans, il agite l'épouvantail de la revanche, et deux fois en 1887 des incidents de frontière conduisent au seuil de la guerre.

Au printemps, un commissaire français, Schnœbelé, est attiré par un de ses collègues allemands sur le territoire de l'Empire; il y est surpris, saisi; on veut le retenir prisonnier, sous prétexte qu'il a fomenté en Alsace-Lorraine des intrigues anti-allemandes, et l'on a peine à faire comprendre à ceux qui l'ont arrêté que ce grief, fût-il prouvé, ne suffirait pas à légitimer un guet-apens.

Les esprits s'échauffent des deux côtés du Rhin. La paix ne tient plus qu'à un fil, tellement qu'à Berne le Conseil fédéral passe toute une nuit sur pied dans l'attente anxieuse d'une dépêche décisive, prêt à mobiliser les troupes suisses le long de la frontière et ayant déjà sur sa table tout signés les ordres pour leur casernement dans les écoles et les bâtiments publics. Enfin le nuage sanglant qui planait sur l'Europe se dissipe; Schnœbelé est relâché au bout de neuf jours.

Mais en automne nouvelle alerte! Cette fois, c'est à Vexaincourt qu'un chasseur est tué sur territoire français par un soldat allemand. Les diplomates entrent de rechef en campagne; l'Allemagne paye une indemnité, et l'orage passe au large.

Cependant l'Europe se lasse de ces alarmes réitérées qui paralysent le commerce, de ces brusques à-coups qui mettent la paix à la merci d'un caprice ou d'un hasard. Elle ressent le besoin d'un rétablissement d'équilibre. Un contrepoids se prépare à la lourde domination prussienne et à ceux qui la favorisent.

La Russie, qui a des difficultés avec l'Au-

triche dans les Balkans, traite ses provinces
baltiques, où l'on parle allemand, à peu près
comme l'Allemagne traite l'Alsace-Lorraine
où l'on parle français, à peu près comme
l'Autriche elle-même traite la Bohême où l'on
parle tchèque. Le panslavisme s'oppose au
pangermanisme; Prague tourne ses regards
et ses sympathies vers Paris; Katkoff entre
en lutte avec Bismarck; et ainsi s'élabore
cette chose paradoxale, une entente qui de-
viendra une alliance entre une République
démocratique et le plus autocratique des
Empires. C'est en octobre 1887 qu'un toast
du prince Nicolas à Dunkerque révèle l'événe-
ment en voie de s'accomplir.

L'Angleterre, alors dirigée par lord Salis-
bury et les conservateurs, s'est complu longtemps dans un splendide isolement; elle a
fait les doux yeux à la Triple-Alliance. Mais,
depuis 1880 environ, elle s'avise que l'Allemagne devient pour elle une rivale redoutable sur le terrain économique; qu'elle lui
fait concurrence sur tous les marchés; qu'elle
jette jusque dans ses villes et ses campagnes
une masse d'objets *made in Germany*. Et au
milieu des fêtes qui célèbrent la cinquantième
année du règne de la reine Victoria, impératrice des Indes, dans l'espèce d'apothéose que
la nation se décerne à elle-même sous couleur d'honorer sa souveraine, il se glisse une
sourde appréhension, une velléité vague en-

core de refréner l'élan d'une voisine trop en-
vahissante.

Pendant que s'ébauche de la sorte un nouvel équilibre européen, là-bas, de l'autre côté
de la terre, dans l'Océan Pacifique, des changements plus graves encore se dessinent.
L'Extrême-Orient, cette fourmilière que l'Europe a imprudemment remuée du pied, se
réveille et s'agite. Le Japon imite et rattrape
l'Occident avec une rapidité vertigineuse. Le
corps immense de la Chine est secoué d'un
ébranlement mystérieux dont personne ne
saisit l'importance; car (ô courte portée des
prévisions humaines!) il eût été taxé de fou
celui qui aurait osé prédire l'éclosion prochaine d'une République chinoise!

Si nous essayons encore de noter les traits
généraux qui distinguent l'époque, nous rele-
vons un peu partout le réveil d'un nationa-
lisme ombrageux qui crée des ambitions impérialistes, des ligues de patriotes, des efforts
d'unification dans les Etats dont les parties
sont rattachées les unes aux autres par des
liens trop lâches, des tarifs protecteurs dont
se barricadent tour à tour l'Autriche, l'Italie,
la Suède, la Belgique, les Etats-Unis, l'Allemagne. Partout aussi nous voyons la bataille
engagée contre les socialistes, les républicains,
tous ceux qui veulent aller de l'avant dans
le sens de la démocratie.

Il se fonde, cette année-là, un royaume :

celui de Bulgarie. Et néanmoins le métier de roi devient difficile et périlleux. En Serbie, Milan est sur le point d'abdiquer. Le roi de Suède sent la Norvège disposée à se détacher, à se faire indépendante. Le terrorisme rend précaire et misérable l'existence du tsar de toutes les Russies. Le boycottage et la ligue agraire en Irlande donnent fort à faire aux ministres de Sa Majesté britannique. Abdul-Hamid en Turquie vit, dans la peur des attentats, entouré de gardes et de policiers.

Ainsi, quoique l'année 1887 voie un ralentissement dans la marche des idées libérales et démocratiques, l'éternel combat entre Hier et Demain ne cesse pas et fait pressentir pour bientôt des péripéties dramatiques.

UNE VAGUE DE MYSTICISME

Le mouvement des idées suit un rythme semblable à celui de l'Océan. Quand la marée descend, elle n'abandonne pas d'un coup le rivage; elle a des retours offensifs; elle regagne une partie du terrain qu'elle a laissé à sec; elle semble se retirer à regret et peut, tout en baissant, donner par le va-et-vient des vagues l'illusion qu'elle remonte.

Ainsi dans le recul visible dont sont victimes, surtout depuis le seizième siècle, les croyances religieuses qui battaient leur plein au moyen âge, il y a des moments de halte, de reprise même, qui leur rendent pour quelques années un peu de leur puissance perdue.

L'Europe de 1887 voit déferler une de ces vagues remontantes et éphémères de mysticisme. Elle vient de Russie, où Tolstoï prophétise, prêche un christianisme épuré, propage la religion de la souffrance humaine, marie, comme en 1848, l'Evangile et la liberté, l'amour du peuple et le souci du lendemain de la mort.

C'est de là qu'il faut dater un réveil d'idéalisme succédant, selon la règle, à la longue domination dont venait de jouir l'esprit positif, réaliste, scientifique. Je la signalais dès lors (1) et en tout domaine, cette renaissance. C'était le temps où les radicaux répudiaient le terre-à-terre de la politique opportuniste; où le roman russe excitait des enthousiasmes délirants; où le symbolisme, le mystère, la musique envahissaient la poésie; où la théosophie empiétait sur la philosophie; où Maupassant se faisait l'apôtre de ce qu'il appelait l'illusionnisme; où Brunetière, syndic de toutes les faillites qu'il espérait, proclamait la banqueroute de l'école naturaliste; où M. Emile Faguet « tombait » Voltaire et le dix-huitième siècle; où M. Paul Bourget, changeant de héros, passait du jeune chrétien adultère avec remords au libre penseur repenti qui prie sans croire; où M. Jules Lemaître, tolstoïsant comme bien d'autres, se sentait plein de pitié pour les humbles et plein de ferveur pour la justice sociale.

Cet idéalisme renaissant se coulait volontiers dans les anciens moules. Les Eglises de tout culte ne pouvaient manquer de trouver leur compte à ces aspirations qui témoignaient, sinon d'une foi précise, tout au

---

(1) Voir *Critique de Combat*, 2ᵉ série, p. 314.

moins du désir de s'en refaire une. Chez les protestants, l'Armée du Salut, qui déjà remplissait l'Angleterre du bruit de ses fanfares et de ses cantiques, hasardait ses premiers pas sur le continent. Chez les catholiques romains et grecs la guerre était déclarée aux israélites et aux francs-maçons.

En Russie, sous l'influence de Katkoff, qui faisait passer au caviar les livres et revues venant d'Occident, les juifs étaient écartés des professions libérales; ils n'y pouvaient du moins obtenir qu'un nombre de places strictement déterminé; on commençait à les massacrer; le mot sanglant de *pogrom* entrait par irruption dans les langues des pays voisins.

En Belgique, les catholiques, devenus depuis 1884 les détenteurs du pouvoir pour trente ans, exerçaient leur suprématie en remplaçant les écoles publiques, qui avaient le tort d'être neutres au point de vue religieux, par des écoles soi-disant libres où l'enseignement était confessionnel.

En France, les lois qui laïcisaient progressivement les écoles et les hôpitaux étaient qualifiées de lois scélérates. En vain Ferdinand Buisson, dans un discours qu'il prononçait à Fontenay-le-Comte, soutenait-il que l'instruction obligatoire et laïque est une œuvre de paix et de progrès, remettant l'éducation des enfants aux mains de maîtres qui n'ont renoncé ni aux devoirs de la famille ni à leur indépendance d'hommes et de citoyens. Il était, comme Jules Ferry, voué aux indignations et aux injures des journaux bien pensants.

Les *Croix*, rédigées par des moines qui semblaient des revenants du temps de la Ligue, jetaient, au nom de Notre-Dame-du-Salut, feu et flammes contre les incroyants de toute espèce. M. Drumont avait entamé avec éclat sa croisade antisémite; la *France Juive* avait atteint en quelques mois 136 éditions. L'auteur, enveloppant de la même haine les banquiers rapaces et les bourreaux du Christ, faisait expier cruellement aux descendants d'Israël et de Juda le krach récent d'une grande entreprise catholique, l'*Union générale*. Il les dénonçait comme un péril public, comme des traîtres, des voleurs, des sans-patrie, des êtres en dehors de l'humanité. Mêlant avec une assurance imperturbable l'histoire et la fantaisie, il découvrait que Paul Bert et Gambetta appartenaient, en dépit de leur état civil, à la race réprouvée.

Frappant à tour de bras sur les républicains vendus aux juifs et esclaves des francs-maçons, sur les monarchistes complices des gouvernants par leur lâcheté, sur les mondains aveulis par les dîners et les fêtes dont les régalaient les banquiers, il faisait bouillonner les colères et les vieux fanatismes. Un disciple traduisait l'opinion du maître par ces mots gros de promesses : « Videz le juif! » Un autre insinuait qu'il fallait expulser de nouveau les protestants, ces faux martyrs pour qui l'on n'avait été que trop clément.

Et l'on annonçait des conversions miraculeuses. Léo Taxil, de frénétique mangeur de curés qu'il avait été, se transformait en pieux renégat de la libre pensée, en dénonciateur de ses amis d'hier. M. Arthur Meyer, vigoureusement étrillé par M. Drumont, devenait, comme par un coup de la grâce, d'israélite bon chrétien et l'un des plus vaillants champions de la sainte cause.

Cependant, que disait le pape, suprême directeur des consciences catholiques? Celui qui siège alors sur le trône pontifical s'appelle Léon XIII : intelligence souple et déliée, figure fine, spirituelle, avec un sourire qui rappelle (ô horreur!) celui de Voltaire. C'est un diplomate, un politique, dont la conduite est un habile compromis entre sa tradition qui lui commande l'intransigeance et son caractère qui le porte aux transactions.

Théoriquement, il condamne la franc-maçonnerie, les écoles neutres, mixtes, laïques, la liberté des cultes, celle de la presse et de la pensée, la souveraineté populaire, la séparation de l'Eglise et de l'Etat. Il revendique le pouvoir temporel et désavoue, en 1887, le prêtre italien Tosti qui ose parler d'une réconciliation entre le Saint-Siège et le royaume d'Italie.

Mais, pratiquement, il atténue, concède, accommode les rigueurs de la doctrine aux nécessités du siècle; il admet que le peuple ait part à la direction des affaires publiques; que les chefs d'Etat tolèrent l'existence de cultes divers; que les catholiques d'Italie participent, faute de mieux, à l'administration municipale. Il négocie surtout avec les gouvernements et emploie avec eux la méthode de *donnant, donnant.*

En Allemagne, où Bismarck a poussé vivement la lutte contre l'Eglise, mais où il vient d'échouer dans la réalisation de son budget militaire, il lui promet l'appui des catholiques, à condition qu'on abolira les lois faites contre eux, et si le chancelier de fer n'a pas l'humiliation d'aller, suivant l'expression consacrée, à Canossa, il n'en subit pas moins la discrète pression de Rome et la protection de ses adversaires de la veille.

En Irlande, Léon XIII modère la fougue de la *Ligue agraire* et il se prépare à en arrêter les violences.

En France, il montre volontiers sous sa face évangélique le catholicisme qui en a tant d'autres; il se prononce pour des réformes économiques en faveur des pauvres; il encourage le comte de Mun à fonder des cercles ouvriers; il laisse les siens hésiter quelque temps entre *socialisme catholique* et *catholicisme social;* puis il finit par préférer la dernière appellation; car il ne veut pas se brouiller avec les puissances bourgeoises.

Il se tient sur la défensive à l'égard du gouvernement républicain, qui est résolument anti-clérical, qui rappelle à l'ordre les évêques, astreint les séminaristes au service militaire, promulgue la loi sur la liberté des funérailles, mais n'ose pourtant pas opérer la séparation de l'Eglise et de l'Etat.

Pour le moment le pape balance entre deux voies qui s'offrent à lui : Prescrira-t-il à ses fidèles le ralliement à la République ? Les laissera-t-il appuyer ceux qui veulent la détruire et en particulier ce général Boulanger qui a crié : « Sac au dos, les curés! », mais qui efface ce péché en devenant un auteur possible de coup d'Etat? Les militants du parti penchent de ce côté; Léon XIII, lui, se réserve encore; il a toutefois, en attendant, la satisfaction de constater qu'en France comme ailleurs la masse catholique n'est point une quantité négligeable; l'Eglise, en 1887, a de vastes estpoirs et un chef redoutable.

LES COMMENCEMENTS
DU BOULANGISME

Il y a des années où le temps est instable, où le baromètre et le thermomètre semblent pris de folie, où les sautes de vent et de température sont perpétuelles, années fantasques, déréglées, incohérentes. L'année 1887 fut pour la politique française un de ces moments troubles où les hommes et les partis s'agitent sans savoir où ils vont et déroutent par des volte-face soudaines, par de véritables changements à vue.

Elle débute par une crise parlementaire. Opportunistes et radicaux, à peu près égaux en nombre et séparés par un large fossé de haine, se paralysent mutuellement dans la Chambre. Les premiers, sous la conduite de Jules Ferry, dit le Tonkinois, veulent que la République s'arrête, marque le pas, et ils proclament avec leur chef que le péril est pour elle à gauche. Les autres, menés par M. Clemenceau, demandent qu'on aille de l'avant, qu'on revise la Constitution, qu'on élise le

Sénat au suffrage universel, qu'on renonce aux conquêtes coloniales, qu'on sépare les Eglises de l'Etat, qu'on rende le service militaire égal pour tous et moins long, qu'on songe à protéger les travailleurs. Les socialistes sont trop peu nombreux pour départager ces frères ennemis.

Résultat naturel de cette division des républicains : la droite, qui forme un groupe compact de 200 membres, est maîtresse des scrutins; en se portant tantôt d'un côté, tantôt de l'autre, elle empêche toute réforme, toute action suivie. C'est l'impuissance dans le chaos des discussions stériles, des querelles personnelles, des ambitions rivales. La crise parlementaire tourne à la crise antiparlementaire.

Que le radical Goblet soit au pouvoir ou bien l'opportuniste Rouvier, même piétinement sur place; et dans la nation voici que grandit le discrédit des assemblées où l'on parle beaucoup et agit peu. La France, qui est encore si loin d'être guérie des individus, commence à se dire qu'un homme intelligent et volontaire ferait, à lui seul, plus de besogne.

Et l'individu se trouve à point. C'est un général-politicien, à qui ne coûtent pas les poignées de main ni les paroles aimables. Il est le benjamin des radicaux ; il professe ardemment des opinions démocratiques; il se déclare prêt à toutes les réformes. Devenu ministre de la Guerre sur la recommandation expresse de M. Clemenceau, il a pris des mesures contre les officiers réactionnaires, il s'est montré soucieux du bien-être des soldats, il a rendu à la nation confiance dans son armée; il emprunte au programme radical l'incorporation des séminaristes et la revision de la Constitution.

C'en est assez pour qu'il ait en sa faveur non seulement les radicaux, mais les intransigeants séduits comme Rochefort par la cranerie de son allure, mais les blanquistes qui croient encore aux coups de main révolutionnaires, mais les patriotes façon Déroulède qui voient déjà « le général Revanche » reprenant l'Alsace et la Lorraine. « Vive Boulanger! » crie la foule dès la revue du 14 juillet 1886. Sa barbe blonde plaît aux femmes. Son cheval noir est populaire. Paulus chante la gloire du cheval et du cavalier.

Contre lui se dressent les opportunistes. Boulanger, c'est la guerre avec l'Allemagne! s'écrie l'un d'eux. Contre lui marchent les monarchistes de toutes couleurs. Boulanger, c'est l'ennemi de l'Eglise, des princes exilés, des nobles et des prêtres! Le *Figaro*, le *Gaulois*, le *Français*, le journal de Paul de Cassagnac le combattent de toutes leurs forces, si bien que, le 30 mai, lors de la formation du ministère Rouvier, il reste sur le carreau.

Rochefort qualifie de ministère allemand le nouveau cabinet; opportunistes et droitiers battent des mains.

Mais à trop s'acharner contre un individu, on le grandit; à trop épiloguer sur ses moindres faits et gestes, on l'impose à l'attention publique; à trop crier : « Au dictateur! », on répand l'idée qu'il pourrait le devenir. L'idée lui est-elle suggérée par ses amis ou ses ennemis ? Toujours est-il que Boulanger est désormais le syndic des mécontents, qu'il se gonfle en chef de parti. Son départ pour Clermont-Ferrand, où on le déporte au commandement du 13ᵉ corps, ressemble à un exil triomphal; 20.000 personnes l'escortent et l'acclament à la gare du P.-L.-M., le 8 juillet, et, à la revue du 14, l'absent est salué de vivats retentissants.

Il est dès lors un danger pour la République. Les républicains prudents s'inquiètent, essaient de détacher de lui ceux qui le patronnent. Je me rappelle (si l'on me permet un souvenir personnel) qu'un jour de cette année-là Mme Edmond Adam m'invita de façon pressante à lui amener le député Millerand dont elle savait que j'étais l'ami; il s'agissait d'arriver par lui, qui était alors rédacteur à la *Justice,* jusqu'à M. Clemenceau pour le mettre en garde contre son protégé et lui faire savoir qu'il prenait volontiers dans le monde des airs de Premier consul et d'empereur en expectative. Certains radicaux commençaient à se défier; mais le temps n'était pas encore venu de la rupture définitive entre leur leader et celui qu'il avait tant contribué à mettre hors de pair.

Le général que l'on présente comme une victime (on ne savait ou ne disait rien des consolations amoureuses qu'il trouvait à Clermont) prend de plus en plus une place énorme, disproportionnée à son mérite. Il revient plusieurs fois déguisé, avec des lunettes bleues, dit-on, dans ce Paris d'où on l'a écarté. Il a des conciliabules mystérieux avec ses partisans; par une propagande renouvelée de Louis-Napoléon en 1848, la gravure, les camelots, les chansonniers, les journaux popularisent à qui mieux mieux son nom, sa figure, les projets qu'on lui prête. L'œillet rouge, son emblême, fleurit bien des boutonnières.

Jules Ferry, dans un discours, flétrit ce Bonaparte sans Arcole et sans Rivoli du nom de Saint-Arnaud de café-concert; l'offensé réclame une réparation par les armes, un duel au pistolet à vingt-cinq pas, puis à quinze, jusqu'à ce qu'un des deux adversaires ait été touché; mais les conditions proposées paraissent trop dures aux témoins de l'homme d'Etat et ce duel avorté ajoute un rayon à l'auréole du général en qui survit une âme de sous-lieutenant.

Sur ces entrefaites, la situation déjà critique se complique d'une crise présidentielle. Il y a eu vente de croix d'honneur; une dame Limouzin, des généraux ont trempé dans ce trafic malpropre; puis on découvre que Wilson, le gendre du président de la République, Grévy, a trouvé dans cette foire aux vanités des ressources inavouables. « Ah ! quel malheur d'avoir un gendre ! » disent les chansons rosses du moment. Le président veut sauver celui qui lui tient de si près. Effort inutile ! Le ministère Rouvier est renversé pour avoir tenté ce sauvetage impossible, et le président, éclaboussé par le scandale, parle de démissionner.

C'est alors, dans les coulisses du Parlement, une agitation de guêpier en rumeur. Dans la nuit du 28 au 29 novembre, des radicaux et des intransigeants, qui veulent maintenir Grévy par peur de son successeur éventuel, cherchent à faire un ministère dont le chef serait ou Floquet ou Freycinet. Mais tous deux préféreraient être présidents de la République et se dérobent.

Le lendemain, autre nuit « historique ». Chez Laguerre, M. Clemenceau refuse de former un cabinet dont Boulanger ferait partie; M. Andrieux, tâté à son tour, consentirait à donner au général le commandement qu'il voudrait, à prendre de sa main un ministre de la Guerre, mais il n'entend pas l'avoir pour collaborateur. Toutes les combinaisons échouent, et, dès le matin, l'on en porte la nouvelle à Grévy, qui se décide à s'en aller.

L'émoi est à son comble. Qui le remplacera? Ferry est le candidat des opportunistes. Mais il est aussi l'homme abhorré des républicains avancés et des Parisiens. Plutôt la guerre civile que de tomber sous sa férule! Le Conseil municipal de Paris siège en permanence, achète des revolvers, visite les souterrains de l'Hôtel de Ville, pour éviter une surprise semblable à celle du 31 octobre 1870. Les rues de Paris sont bondées d'une foule nerveuse et frémissante.

Cependant le Congrès, réuni à Versailles, délibère. Tout à coup l'on apprend que l'élu, proposé par M. Clemenceau, accepté par la majorité, est Sadi Carnot. Un homme de bonne noblesse républicaine, si l'on peut ainsi parler, à qui l'on ne songeait guère deux jours auparavant, un modéré, mais qui a eu le mérite de s'opposer, comme ministre des Finances, à une prétention incorrecte du quémandeur Wilson. Et, engrenage étrange des événements, cet acte d'honnêteté le porte à l'honneur et au péril, le mène à la présidence et à la mort!

Un cabinet d'affaires — dirigé par Tirard — s'efforce de rétablir la concorde, de calmer les esprits échauffés. Wilson est gratifié d'un non-lieu méprisant qui comprend une réprobation de sa conduite. Il reste toutefois des symptômes de fièvre : presque en même temps, Jules Ferry, le champion de l'opportunisme, et Louise Michel, la Notre-Dame de l'anarchie, échappent à des balles qu'on a tirées sur l'un et sur l'autre.

Mais qu'advient-il de Boulanger? Puisque les radicaux l'abandonnent, adieu les beaux principes républicains qu'il affichait! O versatilité humaine, dont il faut se hâter de rire pour n'en pas pleurer! O subit et scandaleux renversement des rôles ! Au cours de la seconde nuit historique, le général s'est absenté une heure et demie. Il n'en a pas fallu davantage pour une entrevue secrète avec des émissaires de la droite, le comte de Martimprey et de Mackau; on lui a lu une lettre du prétendant orléaniste, le comte de Paris, lui offrant tous les titres et honneurs possibles s'il veut aider à une restauration, et le faible personnage s'est engagé avec les tentateurs. Il aura un chiffre pour correspondre avec eux; il recevra d'eux une Constitution toute faite.

Ainsi s'opère une évolution où tout le monde croit tromper tout le monde. Cromwell pour les révolutionnaires, Monk pour les royalistes, Bonaparte pour les césariens, mais travaillant avant tout pour lui-même, il va louvoyer, équivoquer, ruser, entouré d'un bizarre amalgame où se heurtent tous les contraires et qui promet à la France une longue période de louches intrigues, de complots en l'air et d'agitations dans la rue.

———

LE MOUVEMENT SOCIAL

Si l'on se demande quelle est alors la question dominante, celle qui passe au premier plan dans les préoccupations des hommes politiques, la réponse n'est pas douteuse : c'est la question sociale. Et, dans le monde entier, il est aisé d'observer une forte poussée dans le sens socialiste.

Le pape, lui-même, la renforce en favorisant le catholicisme social et en réclamant des mesures protectrices pour les pauvres. Il n'est pas jusqu'à l'antisémitisme qui, par ses assauts contre la haute banque, ne pousse dans la même direction. On l'a défini parfois : « Le socialisme des imbéciles », ce qui est dur, mais ce qui signifie que ses adeptes s'en prennent à l'effet sans toucher à la cause ; qu'ils attaquent les individus en épargnant le système économique dont les financiers, juifs ou chrétiens, sont les produits et les soutiens.

Cela n'implique pas que la résistance aux novateurs ait cessé ou faibli. En Allemagne, les socialistes sont toujours sous le coup des lois d'exception forgées contre eux par Bismarck; mais ces lois mêmes les ont disciplinés et forcés de serrer leurs rangs, leur ont fait, en somme, plus de bien que de mal. L'Autriche et l'Italie imitent leur alliée dans ses sévérités : mais vainement dresse-t-on contre les « rouges » des lois répressives, des syndicats chrétiens, des corporations de petits artisans; cela n'empêche pas le parti ouvrier autrichien de se constituer sur le modèle du parti allemand.

En Angleterre, le vieil esprit prudent et pratique des trade-unions ne satisfait plus les jeunes générations. Des livres venus d'Amérique (ceux d'Henry George, de Bellamy) ont réveillé le goût des projets et des revendications à longue portée. Le premier des dix-sept volumes que Charles Booth va écrire sur la vie du peuple à Londres a commencé, dès 1886, à jeter une lumière crue sur la misère de l'opulente capitale et à créer un puissant courant de pitié.

Aussi les conservateurs voient-ils avec surprise et scandale les congrès trade-unionistes, dont ils avaient coutume de louer la sagesse, voter en principe la nationalisation du sol. En même temps qu'une Ligue formée par Wallace poursuit ce but lointain, des groupements socialistes font claquer au vent leur drapeau. Ce sont les *Fabiens,* ainsi nommés de Fabius le Temporiseur, qui, avec Sidney

Webb et Bernard Shaw, préparent dans les esprits, à coups de brochures et de conférences, les changements qu'ils désirent apporter dans la société; c'est la *Fédération démocratique* qui, avec Hyndman, propage les théories marxistes; c'est l'*Independent Labour Party* qui, avec Keir Hardie, Tom Mann, John Burns (un futur ministre du futur roi Edouard), rassemble sous sa bannière les forces ouvrières.

Des meetings monstres de sans-travail se tiennent dans les parcs de Londres et, au milieu des bagarres et des charges de cavalerie, on y entend maints propos subversifs, maints vivats en l'honneur de la Révolution sociale.

Parcourons-nous le continent européen ? En Suède, le parti ouvrier socialiste prend corps durant l'année 1887. A la même date, un Office du Travail, chargé de recueillir tous les renseignements relatifs à l'existence des travailleurs, est institué en Belgique.

Si nous franchissons l'Atlantique, aux Etats-Unis, les *Chevaliers du Travail,* qui dans leur Ordre mystique et révolutionnaire ont compté plus d'un million d'affiliés, disputent encore à la *Fédération américaine des métiers,* plus pacifique et plus réaliste,• la faveur des classes laborieuses.

Mais revenons et restons en France. A première vue on y constate le déclin du *laissez faire, laissez passer.* Il y a, même dans l'enseignement officiel, des voix pour protester contre le dogme de la non-intervention de l'Etat en matière économique. C'est en 1887 que MM. Cauwès, Gide, Saint-Marc lancent leur *Revue d'Economie politique*, qui s'oppose au nihilisme gouvernemental de l'école orthodoxe.

Un vent de solidarité souffle sur le pays. L'association a pour elle l'opinion publique. Tandis que le comte de Mun organise des cercles ouvriers catholiques, mutualistes et coopérateurs multiplient leurs efforts, et, parmi ces derniers, l'Ecole de Nîmes a, depuis 1886, son journal intitulé : *L'Emancipation.*

Les syndicats, depuis 1884, ont enfin obtenu le droit de vivre et d'agir en plein soleil. Ils marchent encore à pas chancelants, comme des enfants longtemps tenus à la lisière. Ouvriers et patrons regardent la loi nouvelle avec défiance. Les ouvriers, dans leurs congrès, la repoussent comme un piège tendu à leur bonne foi. Les patrons la méprisent et la violent; ils dressent des listes noires de « meneurs »; dans l'arrondissement de Valenciennes, des Compagnies minières, de grandes usines métallurgiques contraignent les travailleurs qu'elles emploient à leur remettre leurs livrets de syndiqués et elles en font un magnifique *auto-da-fé.*

Le conflit se répercute au Parlement. Au

Sénat, Marcel Barthe veut qu'on revienne sur les libertés concédées aux syndicats. A la Chambre, Bovier-Lapierre réclame des pénalités contre quiconque met obstacle à l'exercice de leurs droits.

Malgré tout, un apaisement provisoire s'opère. L'année 1887 compte moins de grèves que l'année précédente (108 contre 161), et aucune n'a la violence tragique qu'avait eue celle de Decazeville. Les ouvriers se décident à user des moyens légaux mis à leur disposition ; après un pénible chômage se fonde le Syndicat général des travailleurs français peintres en bâtiment, et une Bourse du Travail s'inaugure à Paris, rue J.-J.-Rousseau.

Dans le camp patronal aussi, pendant que des trusts, celui du pétrole par exemple, marquent un progrès dans l'association des capitaux, des œuvres de différent genre, des syndicats mixtes sous l'invocation de Notre-Dame de l'Usine, des Sociétés pour la construction d'habitations ouvrières à Lyon et à Rouen, essaient d'adoucir l'âpreté du combat engagé entre les deux catégories de producteurs qui collaborent à la production.

Mais le socialisme grandissant va bien au delà de la philanthropie désintéressée ou rémunératrice des capitalistes intelligents. Malheureusement pour lui, il use son énergie dans des querelles de groupes qui s'entre-déchirent et s'entre-dévorent.

Pour la doctrine, deux écoles sont en présence, qui se touchent et se combattent. L'une s'inspire de l'Allemagne, prêche l'Evangile selon Saint Marx, se recommande uniquement de la science, proscrit toute idée de justice et tout sentiment, croit que les sociétés vont d'elles-mêmes et fatalement au communisme; elle a pour organe *Le Socialiste,* pour principaux représentants Guesde et Lafargue. L'autre se rattache à la tradition française, s'imprègne de fraternité comme en 48, se tempère de tendresse humaine, fait appel à l'initiative des hommes pour accélérer et diriger l'évolution des choses; elle a pour organe la *Revue Socialiste,* pour principaux représentants, des amnistiés de la Commune, avec Benoît Malon et Fournière.

Brochant sur ces divisions, l'école anarchiste, avec Louise Michel, Elisée Reclus, Kropotkine, professe le fanatisme de la liberté, la haine de tout gouvernement, de toute autorité, de toute forme d'Etat.

Monde en mal d'enfantement, monde ardent, vibrant, tumultueux, qui trouve dès lors son expression littéraire! Le *Bilatéral,* un roman vivant et touffu comme une forêt, qui est le début d'un grand romancier, J.-H. Rosny, en retrace, cette année même, l'effrayante complexité. Les chants révolutionnaires de Potier, qui paraissent au moment où meurt le chansonnier, comme des fleurs couleur de sang nées sur une tombe, en disent les colères et les espérances.

Pour l'action politique, l'opposition des idées se reflète dans des divergences de conduite. Les guesdistes sont révolutionnaires, partisans de la violence, et ils engagent ou enfoncent dans cette voie ceux des syndicats sur lesquels ils ont réussi à mettre la main. Les « indépendants » sont réformistes, amis des transformations graduelles; leurs adversaires les flétrissent du nom de « possibilistes ».

Les anarchistes tiennent pour la révolte individuelle ou en masse, mais sans chef, sans ordre et, avant tout, destructive.

A cause de cet éparpillement des forces d'innovation, les socialistes n'ont que des demi-succès. Ils ne sont que neuf au Conseil municipal de Paris et qu'une quinzaine à la Chambre. La société bourgeoise se concentre pour leur barrer la route. Comment pourrais-je oublier le sort significatif qui fut fait alors à une étude sur le socialisme que m'avait commandée la *Nouvelle Revue*, la seule grande Revue républicaine du moment ? Quand je l'eus achevée, il advint qu'un M. de Cyon, Russe de nationalité, en était devenu le rédacteur en chef; il me laissa entendre qu'il désirait un éreintement, non une étude objective et scientifique, comme je l'avais faite. Je remportai le pauvre manuscrit zébré de coups de crayon rouge, et il trouva si mauvais accueil, même auprès des revues de jeunes, que je finis par le donner à mon ami Malon.

Cependant, de sérieuses tentatives étaient faites pour souder les éléments épars qui étaient favorables à une refonte de notre régime économique. Une *Alliance socialiste républicaine*, au nom d'un grand nombre de groupes, traçait un programme qui pouvait être accepté des radicaux les plus avancés, parce qu'il n'affirmait ni le collectivisme ni la guerre de classes.

A la Chambre, un manifeste plus net, qui comprenait la représentation proportiónnelle, la socialisation progressive de la propriété, la reprise des mines et chemins de fer par l'Etat, l'abolition de l'héritage en ligne collatérale, était signé, le 16 décembre, par dix-sept députés ! Parmi les signataires, on remarquait, à côté de Camélinat, de Clovis Hugues, de Basly, des jeunes, des nouveaux, qui s'appelaient Laguerre, Simyan, Millerand.

Des recrues venaient ainsi au socialisme, de l'entourage de M. Clemenceau. Il lui en venait de plus loin encore. Un professeur-député, classé jusqu'alors comme membre du centre gauche, demandait, à propos des droits qu'on voulait mettre sur l'entrée des blés étrangers, que métayers, fermiers, ouvriers agricoles, eussent part au produit de ces droits, et la *Revue Socialiste,* saluant l'orateur qui se nommait Jean Jaurès, s'écriait : « Sur quelque banc que vous siégiez, soyez le bienvenu dans Elseneur ! »

Le boulangisme allait ralentir pour plusieurs années ce progrès des revendications sociales et disloquer le parti qui les préconisait. Mais, quand même, le socialisme montait au dedans et au dehors du Parlement et de la France.

INDUSTRIE — SCIENCE
ENSEIGNEMENT

Qui pourra refuser aux hommes du XIXe siècle finissant le mérite d'avoir entretenu pieusement le souvenir des grands ancêtres? Jamais on n'érigea tant de statues et de monuments, jamais on ne prononça tant d'oraisons funèbres en l'honneur des morts; jamais on ne célébra tant d'anniversaires, de cinquantenaires, de centenaires. Avec ceux de Voltaire et de Rousseau, qui donnèrent le branle en 1878, commence une longue série de commémorations historiques. Il n'est donc pas étonnant qu'en 1887 on ait songé à fêter le centième retour de la date qui marque pour la France une ère nouvelle.

Mais comment glorifier dignement le centenaire de 1789? Le temps n'était point, hélas! propice aux vastes envolées dans l'avenir, aux enthousiasmes féconds et hardis. Le gouvernement du moment avait peur d'évoquer des fantômes révolutionnaires, et, comme le conseil municipal de Paris, en mémoire de la

Fédération, avait invité les maires de France à se joindre à lui pour préparer cette œuvre de reconnaissance nationale, il avait vu sa délibération cassée par le ministère Rouvier et son invitation déclinée par les principales villes de France. On s'était borné, n'osant pas laisser passer sans rien faire cette époque mémorable, à décréter pour 1889 une de ces foires du monde qu'on appelle Expositions universelles.

Et cela répondait au caractère ploutocratique d'une République très bourgeoise, ainsi que le monument qui devait être « le clou » gigantesque de cette Exposition, la tour Eiffel, symbole peu artistique, mais très parlant, d'un âge de progrès matériel ou la mécanique et la métallurgie ont envahi et transformé les sociétés humaines.

Les préparatifs se faisaient, du reste, sans grand entrain; car c'était une période d'atonie commerciale, aggravée par les secousses de la politique intérieure et par les craintes de guerre. On projetait déjà cependant un chemin de fer métropolitain qui devait être mi-aérien et mi-souterrain; et, oubliant que l'organe crée ou renforce le besoin, on s'imaginait qu'il débourrerait les rues obstruées par une circulation intense; on constatait avec une certaine inquiétude que Paris recevait par an, dans ses hôtels, plus de 700.000 étrangers; que la population y dépassait 2 millions 500.000

âmes; qu'elle atteignait, à peu de chose près, trois millions dans le département de la Seine, c'est-à-dire le triple environ de ce qu'elle était cinquante ans auparavant.

L'occasion était bonne pour passer en revue les inventions techniques qui renouvelaient la face du globe, et l'on s'apercevait que le fer et la vapeur, après avoir régné une centaine d'années, étaient près d'être détrônés par l'acier et l'électricité.

La fée mystérieuse aux courants invisibles et puissants avait triomphé dans l'Exposition spéciale qui lui avait été consacrée à Paris en 1881. On annonçait chaque jour quelqu'un de ses nouveaux miracles : le téléphone permettait de causer de Paris à Bruxelles; un simple fil, grâce à Marcel Deprez, suffisait pour transporter, de Paris à Creil, la force capable de mettre les usines en mouvement. Elle répandait partout des flots de clarté, et entamait avec le bec Auer, suprême défense du gaz d'éclairage attaqué dans son domaine, une lutte impitoyable. En même temps qu'elle s'essayait à actionner tramways et locomotives, les automobiles, après les bicyclettes, commençaient à rendre la vie aux grandes routes et aux auberges semées sur leur parcours.

De toutes parts éclataient des découvertes grosses de conséquences. Moissan fabriquait du diamant. D'autres chimistes jetaient sur le marché la vanilline et la soie artificielles. Lippmann trouvait la photographie en couleur. Des fabricants américains inauguraient le tannage mécanique au chrome. La machine à composer menaçait de révolutionner l'imprimerie.

Certes, la France ne se sentait point en décadence. Malgré le poids de sa dette publique, malgré les dépenses énormes qu'exigeait la défense nationale, malgré la décroissance continue de sa natalité, la valeur vénale des usines, qui était estimée en 1851 à 1 milliard 352 millions, s'y élevait, en 1887, à 3 milliards 184 millions.

Toutefois, dans la montée industrielle, qui était générale, il fallait bien reconnaître que l'Angleterre et la France ne tenaient plus la tête, comme dans la première moitié du siècle. Pendant les dernières années, elles avaient vu grandir plus vite qu'elles les Etats-Unis, l'Allemagne, voire même de petits pays comme la Belgique et la Suisse; et c'était un sujet de réflexion et d'inquiétude pour les deux nations qui avaient longtemps primé dans l'industrie.

La France avait du moins pour elle la fertilité de son sol. Bien que la récolte fût médiocre en 1887 et nécessitât une importation de blés étrangers, son agriculture se relevait, dotée d'un budget qui se chiffrait par millions. Le phylloxera, qui avait ravagé les vignes, était sur le point d'être vaincu; on plantait, on greffait des cépages américains réfractaires au vorace insecte et l'on exonérait d'impôts les nouvelles plantations. Les engrais minéraux, sels de potasse et phosphates, se répandaient en dépit de la routine paysanne; des syndicats agricoles groupaient des efforts qui étaient restés impuissants, parce qu'ils étaient isolés, et cherchaient à utiliser cette force immense, l'association, qui faisait dès lors la richesse des Pays-Bas et du Danemark.

Ce réveil économique avait son contre-coup dans l'enseignement.

Non seulement on bâtissait dans les villes et villages des écoles que les adversaires de l'instruction donnée au peuple qualifiaient de palais scolaires; non seulement on chantait les louanges et améliorait la condition des instituteurs; non seulement on les encourageait à s'unir, à se soutenir mutuellement, à créer des Amicales; non seulement les Universités reconstituées s'exerçaient, timidement encore, à faire preuve d'initiative et à devenir des centres intellectuels régionaux; mais des associations anciennes (philomathique, philotechnique, polytechnique, ligue de l'enseignement) et d'autres sociétés nées de la veille (Union française de la Jeunesse, Union de la Jeunesse républicaine, etc., etc.) fondaient des patronages laïques, songeaient à suivre l'enfant dans cette période critique qui va de la sortie de l'école à l'entrée au régiment, se préoccupaient surtout de dresser des apprentis et de jeunes employés.

Le désir d'échapper à l'éducation purement livresque, de réformer des méthodes surannées, de réhabiliter le travail des mains et la culture physique, de faire sa part légitime à une instruction pratique et vraiment moderne suscitait nombre d'écrits, de projets, d'essais et battait en brèche le vieil esprit universitaire.

Il y avait dans l'enseignement secondaire, citadelle de la société bourgeoise, une bataille engagée autour de la question du grec et du latin. Ceux qui voulaient que la connaissance apparente des langues anciennes demeurât le bagage essentiel fourni aux élèves des lycées et collèges la défendaient comme un moyen de maintenir une ligne de démarcation entre les enfants de la classe riche et ceux de la classe pauvre. Leurs adversaires souhaitaient que cet enseignement fût réservé aux intelligences susceptibles d'en profiter, et non distribué, sans choix, à tous les fils de familles aisées; ils demandaient qu'il y eût moins d'enfants pour apprendre les langues mortes et qu'il y en eût davantage pour les savoir réellement; ils réclamaient en faveur des sciences, des langues vivantes, de la géographie, de l'histoire, devenues nécessaires aux hommes de nos jours et aussi capables de les développer que les études dites classiques.

Le combat le plus âpre sévissait autour des écoles primaires supérieures. Elles étaient tiraillées entre deux ministères qui se partageaient leur direction, ministères séparés par la rue de Grenelle comme par un abîme : celui du Commerce, celui de l'Instruction publique. L'un faisait tous ses efforts pour y introduire l'enseignement technique, l'autre pour l'en exclure, contrairement aux intentions de Jules Ferry qui les avait fondées.

Malgré tout, l'édifice aristocratique élevé par la Renaissance, modifié par les jésuites et conservé par l'Université, craquait, se lézardait. L'école Monge, champ d'expériences des méthodes nouvelles, faisait, en deux fois moins de temps que les établissements offi·ciels, des bacheliers qui avaient eu le loisir d'apprendre autre chose qu'à pasticher Cicéron et ânonner Homère. M. Liard, un grand mandarin, prescrivait, sans grand succès, d'ailleurs, d'annexer des ateliers aux lycées de l'Etat.

Des écoles professionnelles (combien indispensables à la masse et même à l'élite de la population laborieuse!) s'ouvraient en maints endroits : à Vierzon, Voiron, Armentières, aux frais de l'Etat; à Paris, à Lyon, au Havre, au Creusot, à Felletin, ailleurs encore, sous l'impulsion des villes, des chambres syndicales, des grands patrons : mécanique, physique et chimie, tissage, broderie, tapisserie, travaux du bois et du fer, fabrication du meuble y avaient, suivant le quartier ou la région, la place prépondérante.

Les filles (grande nouveauté) n'étaient plus oubliées : couture, lingerie, fleurs, modes, commerce, autant de métiers que l'on mettait à leur portée pour gagner leur vie, tandis que dans les cours secondaires et les lycées les jeunes bourgeoises étaient enfin admises à boire aux mêmes sources que leurs frères.

Ainsi, sous la surface bouillonnante de la société française s'ébauchait sans bruit et sans hâte une métamorphose qui atteignait les couches profondes et préparait des générations mieux adaptées aux besoins de la civilisation contemporaine.

LETTRES ET BEAUX-ARTS
CHOSES ET AUTRES

———

Quelle mélancolie, quand on fait revivre pour un instant les gens et les choses qui occupaient l'opinion publique, il y a vingt-cinq ans ! Parmi les gens qu'on a connus, combien d'oubliés et de disparus ! Parmi les choses, dans lesquelles on avait engagé un peu de son cœur et de sa vie, que de déchets et que de ruines, ou, ce qui ne vaut guère mieux, que de maux et d'abus restés les mêmes et témoignant que l'homme passe bien vite, tandis que les sottises et les souffrances humaines s'atténuent bien lentement !

En l'an 1887, on ne parle point seulement de Boulanger et de Bismarck, de Wilson et de Mme Limouzin qui a l'effronterie d'ouvrir un café dont la foule casse les carreaux dans un accès de vertu; des statues élevées à Rabelais, à Voltaire, à Louis Blanc; des réceptions faites aux ambassadeurs du roi de Siam ou à l'empereur du Brésil.

L'année a naturellement son beau crime :

celui de Pranzini, assassin d'une femme galante et de sa fillette. Elle a non moins naturellement ses modes qui lui paraissent très jolies et qui sont le contraire de celles d'aujourd'hui; les femmes élégantes, qui se mettent à remplacer les couturières par les couturiers, vont la tête surmontée de tout petits chapeaux et la croupe amplifiée par des tournures que les plaisants qualifient de *strapontins*.

Si l'on s'avisait de rejouer une des « revues » qui firent courir Paris en ce temps-là, on y reverrait des choses qui paraîtraient d'hier; des manifestations d'étudiants en médecine à propos des concours pour l'internat; des bagarres aux courses au sujet du pari mutuel qu'on organise et des enthousiasmes pour la jument victorieuse au Grand-Prix. Seulement qui donc se souvient qu'elle se nommait Ténébreuse ?

Vous plaît-il de faire un tour dans le Paris mondain ? Un salon, celui de Mme Aubernon, y est l'antichambre de l'Académie française et il est doublé par des dîners-conférences où il est défendu d'interrompre le convive qui a et tient la parole. Un autre, celui de Mme Adam, est plus vivant, plus remuant; étrangers et Français, républicains roses et rouges, artistes et hommes politiques s'y rencontrent et s'y coudoient, sans se douter que l'avenir jettera beaucoup d'entre eux aux antipodes les uns des autres et de la maîtresse de maison.

Le théâtre est, comme toujours, un des sujets favoris de la causerie. On s'apitoie sur les victimes qu'a faites l'incendie de l'Opéra-Comique, ce qui n'empêche pas l'implacable blague parisienne de lancer cette étrange oraison funèbre à l'adresse des éternelles et laides figurantes étouffées dans le désastre : « Enfin nous ne les verrons plus ! »

On discute les démonstrations chauvines qui huent la musique allemande et croient patriotique de s'opposer à ce qu'on joue à l'Opéra le *Lohengrin* de Wagner. On y représente *Patrie*, de Paladilhe, ce qui est de nature à les calmer, et les plus exaltés laissent passer sans protester le centenaire du *Don Juan* de Mozart.

On salue des débutants qui auront des fortunes diverses : M. Gustave Charpentier, qui a le premier prix de composition musicale; Mmes Marguerite Durand et Segond-Weber. On s'émerveille de Renan, devenu sur le tard un dramaturge. On applaudit, à l'Odéon, le *Numa Roumestan*, de Daudet, qui ne fait pas oublier le roman d'où il est tiré. Les hommes mûrs savent gré à Pailleron de prouver, dans la *Souris*, qu'après la quarantaine on est encore en âge de faire des conquêtes.

Mais ce qui déchaîne surtout les langues, c'est *Francillon*. Dent pour dent — est-ce désormais ce qui va régler les vengeances féminines contre le mari infidèle? Dumas fils, suivant sa coutume, pose le problème et l'esquive. On admire son adresse, et le public des « petits nez roses » porte aux nues sa comédie qui aurait pu être un drame.

Non pas qu'il manque de bons confrères pour lui reprocher de tricher avec la réalité et d'être un faux audacieux. On lui oppose les coupantes et amères ironies de Becque. Le *Théâtre Libre* se pique d'offrir aux spectateurs une pâture plus substantielle et des tableaux plus vrais, plus poignants; la *Sœur Philomène*, de Goncourt; *l'Évasion*, de Villiers de l'Isle-Adam, y montrent moins de métier et plus de franchise.

Les raffinés se portent volontiers vers les « théâtres à côté », comme on dit. Le *Chat Noir*, avec les boniments de Salis, les allégories joyeuses de Steinlen et de Willette, les chansons de Jouy et de Delmet, les ombres chinoises de Caran d'Ache et les vers spirituellement égrillards de Donnay, attire sur les hauteurs de Montmartre des théories de Parisiens et de Parisiennes. Là, on se moque de la politique et l'on chante à tue-tête :

> Vive à jamais madame la République!
> Vive à jamais Grévy le jurassique!

Là, on se moque de l'Académie, en attendant que, l'âge aidant, les frondeurs de l'habit

vert soient repris, comme tant d'autres réfractaires, comme Richepin, le Touranien blas-
phémateur, comme Zola lui-même, par la
manie si française des distinctions honori-
fiques, par l'envie de siéger à leur tour sous
la sacro-sainte coupole.

La littérature n'a plus de patriarche. Victor Hugo, mort depuis deux ans, expie le tort
d'avoir trop longtemps encombré le siècle de
sa gloire et de ses œuvres; il publie encore,
du fond de sa tombe, un volume intitulé :
Choses vues. Les anciens, comme Sully-Pru-
dhomme, Coppée, Leconte de Lisle, s'inclinent avec respect devant sa mémoire; mais
des jeunes (cet âge est sans pitié) le traitent
en mort qu'il faut qu'on tue; un critique dé-
montre doctoralement qu'il n'a eu qu'un
grand talent verbal; un conférencier déclare
que la poésie française commence à Verlaine,
comme la peinture finit avant Raphaël.

La vogue est aux décadents, aux symbo-
listes, aux déliquescents, aux barbares pré-
cieux, aux partisans du vers libre et désossé,
aux anarchistes de la poésie qui clament à
l'envi leur génie, bien que, pourtant, vus à
distance, les meilleurs d'entre eux nous apparaissent classés pour jamais parmi les *poetæ
minores.*

Aucun d'eux n'atteint la taille et la renommée de leurs grands devanciers. C'est la prose
qui domine, et le roman. Mais là aussi l'on est

las des vieux qui occupent le devant de la scène. Le naturalisme est parvenu au point maximum de sa course victorieuse. Zola, dans *La Terre*, a effaré par la crudité de certaines scènes le gros de ses admirateurs, et cinq débutants, dont trois doivent compter plus tard, se font de leur propre chef les porte-parole de la jeunesse pour lui crier : Halte-là !

Les uns réagissent contre lui par l'analyse psychologique : Paul Bourget crée, en la personne d'*André Cornélis*, un petit Hamlet bourgeois. Les autres, par aversion de la vulgarité ambiante, s'enfuient dans les pays exotiques, comme Loti, qui emmène ses lecteurs au Japon à la suite de *Madame Chrysanthème*.

D'autres romanciers inclinent vers l'art social, vers les problèmes que l'évolution de la société pose aux consciences aussi bien qu'aux hommes d'Etat, vers les batailles que le conflit des intérêts provoque entre les classes. C'est Cladel, qui burine ses *Gueux de marque;* Rosny aîné, qui dresse en pied son *Bilatéral;* Paul Adam, qui tâtonne, à moitié césarien, à moitié libertaire; Abel Hermant, qui déchaîne des fureurs militaires en contant les tracas et les déboires du *Cavalier Miserey*.

Pendant que Maupassant, dans le *Horla*, trahit déjà l'hallucination qui le guette et va détraquer son robuste cerveau; pendant que

Paul Arène, Alphonse Daudet, Jean Aicard parfument leurs récits des grâces et des gaietés de leur Provence bien-aimée; pendant que Theuriet mène le chœur des amis de la vie rustique, Descaves, Marcel Prévost, Paul Margueritte, d'autres encore sortent de l'ombre pour combler les vides qui se creusent dans la phalange des écrivains.

La critique, qui n'est pas encore tuée par la réclame, a de la besogne en abondance : impressionniste et pirouettante avec Jules Lemaître, psychologique et quelque peu pédante avec Paul Bourget, fantaisiste et fine avec Anatole France, dogmatique et rébarbative avec Brunetière, elle est en pleine floraison.

Que de noms se pressent encore sous ma plume! Historiens comme Lavisse et Gabriel Monod, qui n'ont plus sur le grand public l'emprise d'un Michelet, mais qui en revanche s'imposent une documentation plus rigoureuse! Philosophes, dont les plus influents sur la pensée contemporaine sont Fouillée qui, par sa théorie des idées-forces, rend sa part à l'idéal dans la conduite des affaires humaines, et Guyau, dont l'élan vigoureux et hardi sera brisé par une mort prématurée.

Et je n'ai rien dit des artistes. C'est pourtant un moment remarquable dans le développement de l'art français. C'est de 1887 qu'on peut dater le triomphe de l'impressionnisme. Monet, Renoir, Sisley, Raffaëlli, Berthe Morizot ont enfin conquis le droit de peindre l'éphémère et de fixer au vol la physionomie de l'heure qui passe.

Défendus par Duret et Gustave Geffroy, comme les réalistes l'avaient été par Zola, ils ont gagné leur cause en même temps que les Carrière, les Rodin, les Carriès; et ils continuent la chaîne étincelante qui, par des anneaux de métal différent, mais d'égale valeur, relie ces derniers venus aux grandes écoles du siècle.

Mais il faut s'arrêter. Je touche au terme de mon voyage à travers les cent dernières années. Ce fut une course en train express, où, bien qu'elle fût coupée de quatre stations, je ne pouvais que noter au passage les grandes lignes des paysages traversés. Puisse-t-elle n'avoir paru ni trop longue ni trop fatigante à ceux qui m'ont suivi jusqu'ici! Puisse-t-elle leur laisser quelques visions nettes et le désir de connaître plus à fond ce passé récent que j'ai fait défiler sous leurs yeux en une série de croquis où j'ai visé, sinon réussi, à mettre couleur, vie et vérité!

Principaux ouvrages consultés pour l'année 1887 (sans compter les journaux du temps et mes souvenirs personnels) :

ZÉVORT, *Histoire de la troisième République.* — DRUMONT, *La France juive.* — A. DEBIDOUR, *L'Eglise catholique et l'Etat sous la troisième République.* — MERMEIX, *Les coulisses du boulangisme.* — SEIGNOBOS, *Histoire politique de l'Europe contemporaine (1814-1896).* — E. LEVASSEUR, *Questions ouvrières et industrielles sous la troisième République.* — JULES LEMAÎTRE, *Les contemporains.* — *Impressions de théâtre.* — G. RENARD, *Etudes sur la France contemporaine.* — *Les princes de la jeune critique.* — G. GEFFROY, *La vie artistique.* — J.-H. ROSNY aîné, *Le bilatéral.* — P. BOURGET, *Essais de psychologie.* — ABEL HERMANT, *Le cavalier Miserey.* Etc.

TABLE DES MATIÈRES

SCIENCES SOCIALES

EXTRAIT DU CATALOGUE

de la Librairie Marcel RIVIÈRE et Cie

31, RUE JACOB ET 1, RUE SAINT-BENOIT — PARIS (VIe)

TÉLÉPHONE 740-37

COLLECTION

" Les Documents du Socialisme "

PUBLIÉE SOUS LA DIRECTION DE

Albert THOMAS, Député de la Seine

Chaque volume in-18 de 72 ou 80 pages............ **0 fr. 75**

VOLUMES PARUS :

I. **L'Unité coopérative,** par E. FOURNIÈRE.

II. **Le Socialisme et la Concentration industrielle,** par Hubert BOURGIN.

III. **La nationalisation des assurances,** par Etienne BUISSON.

IV. **Au pays du Soleil Levant,** par Fritz KUMMER. Traduit par Léon RÉMY.

V. **La civilisation socialiste,** par Ch. ANDLER.

VI. **Coopératives et Syndicats,** par MUTSCHLER.

VII. **Le Problème de l'Assistance publique en Angleterre,** par Sydney et Béatrice WEBB, traduit par H. BOURGIN.

VIII. **Essai de catéchisme socialiste,** par Jules GUESDE.

IX. **La fraction social-démocrate dans la Troisième Douma,** par G. STIEKLOFF.

Cette bibliothèque fournira aux militants des études précises, simples, mais nourries de faits, sur les différents mouvements économiques et sociaux (coopération, socialisme, mutualité, municipalisme), sur l'histoire du socialisme, sur le développement capitaliste. Des traductions, des rééditions de textes fameux et difficiles à trouver, les publications statistiques alterneront avec les études originales. Rapidement, les « Documents du Socialisme » formeront une collection indispensable à tout socialiste, à tout homme de science.

BIBLIOTHÈQUE

DU

Mouvement Prolétarien

Chaque volume in-16, de 64 pages au moins........ **0 fr. 60**

Par son format commode et son prix minime, cette collection s'adresse à ceux qui, dans tous les milieux, sont attentifs au mouvement social de leur temps et, spécialement, à cette partie du public qui n'a pas la possibilité d'aborder les gros travaux et de rechercher les articles spéciaux publiés sur ces questions.

Elle comprend des études descriptives, historiques, documentaires, théoriques, critiques, biographiques, etc.

VOLUMES PARUS :

I. **Syndicalisme et Socialisme,** Conférence internationale, par V. GRIFFUELHES, B. KRITCHEWSKY, A. LABRIOLA, Hubert LAGARDELLE et Robert MICHELS.

II. **La Confédération Générale du Travail,** 2ᵉ édition, 1910, par E. POUGET.

III. **La Décomposition du Marxisme,** 2ᵉ édition, 1910, par GEORGES SOREL.

IV. **L'action syndicaliste,** par VICTOR GRIFFUELHES.

V. **Le Parti socialiste et la Confédération du Travail.** Discussion, par JULES GUESDE, HUBERT LAGARDELLE et EDOUARD VAILLANT.

VI. **Les nouveaux Aspects du Socialisme,** par ED. BERTH.

VII. **Les Instituteurs et le Syndicalisme,** par M. T. LAURIN.

VIII. **La Révolution dreyfusienne,** par G. SOREL.

IX. **Les Bourses du Travail,** par DELESALLE.

X. **Voyage révolutionnaire,** par V. GRIFFUELHES.

XI. **Les objectifs de nos luttes de classes,** par V. GRIFFUELHES et LOUIS NIEL. Préface de GEORGES SOREL.

XII. **Le Mouvement ouvrier en Italie,** par LANZILLO.

XIII. **Le Sabotage,** par EM. POUGET.

XIV. **Le Syndicalisme français. — Contre la Guerre,** par JOUHAUX.

COLLECTION

" Systèmes et Faits sociaux "

La Philosophie sociale de Renouvier, par ROGER PICARD, 1 vol. in-8 de 344 pages, br.......................... 7 fr. 50

La Richesse de la France. Fortune et revenus privés, par H. DE LAVERGNE et PAUL HENRY, 1 vol. in-8 de 216 pages, br. 6 fr.

Race et Milieu social. Essais d'Anthroposociologie, par VACHER DE LAPOUGE, 1910, 1 vol. in-8 de 393 pages, br........... 8 fr.

La Protection de la Maternité, par J. MORNET, 1910, 1 vol. in-8, br. .... 6 fr.

Le Programme socialiste, par KAUTSKY. Traduction RÉMY, 1910, 1 vol. in-8, br..................................... 6 fr.

Le Chômage : causes, conséquences, remèdes, par H. DE LAVERGNE et P. HENRY, 1910, 1 vol. in-8, br............ 8 fr.

Les Cahiers de 1789 et les classes ouvrières, par ROGER PICARD, 1 vol. in-8, 1910.............................. 6 fr.

Le travail à domicile : ses misères, ses remèdes, par G. MÉNY, 1 vol. in-8, 1910.............................. 8 fr.

La fin de l'esclavage dans l'antiquité, par CICCOTTI, traduit par G. PLATON, 1910, 1 vol. in-8, br..................... 10 fr.

Introduction à la Sociologie, par G. DE GREEF, prof. à l'Université nouvelle de Bruxelles, 2° édit., 1911, 2 vol. in-8.. 12 fr.

Le Protectionnisme ouvrier, par G. PRATO, traduit par G. BOURGIN, 1 vol. in-8, 1912............................ 7 fr.

La question agraire et le socialisme en France, par COMPÈRE-MOREL, 1 vol. in-8, 1912.............................. 8 fr.

Lassalle, par BERNSTEIN, 1912, 1 vol. in-8............

Eléments de Sociologie, par CAULLET, 1913, 1 vol. in-8.. 7 fr.

La Protection légale des Travailleurs aux Etats-Unis, par DEWARRIN et LECARPENTIER (sous presse).

La Sociologie économique, par BOCHARD (sous presse)

COLLECTION

" Etudes sur le Devenir social "

BIBLIOTHÈQUE DES
Sciences économiques et sociales

La journée de huit heures, par MARCEL LECOQ, *docteur en droit ès sciences économiques,* 1 vol. in-16, de 224 pages........ **2 fr.**

L'Avenir économique du Japon, par ACHILLE VIALATTE, *professeur à l'Ecole des Sciences politiques,* 1 vol. in-16...   **2 fr.**

Cours d'économie politique, professé au Collège libre des Sciences Sociales, par PAUL GHIO. — Tome I. ·*Les Origines,* 1 vol. in-16...................................... **2 fr.**

Le Commerce international, par G. LECARPENTIER, *Avocat à la Cour d'appel, diplômé de l'Ecole des Sciences politiques,* 1 vol. in-16...................................... **2 fr.**

Les Employés et leurs Corporations. Etude sur leur fonction économique et sociale, par E. DELIVET, *lauréat de la Société d'Economie politique de Paris,* 1 vol. in-16.............. **2 fr.**

Le Compagnonnage, son histoire, ses mystères, par J. CONNAY, Préface de L. et M. BONNEFF, 1 vol. in-16........ **2 fr.**

Coopération et Socialisme en Angleterre, par BARRAULT et M. ALFASSA. Préface de CH. GIDE, 1 vol. in-16.......... **2 fr.**

Commerce maritime et Marine marchande, par G. LECARPENTIER, 1 vol. in-16...................................... **2 fr.**

La formation du prix des denrées, par A. DULAC (ouvrage couronné par la Société des agriculteurs de France), 1 vol. in-16...................................... **2 fr.**

La Démocratie sociale devant les idées actuelles, par ET. ANTONELLI, *Professeur au Collège libre des Sciences sociales.* Préface de PAUL BONCOUR, 1 vol. in-16................ **3 fr.**

Le socialisme et la conquête des paysans, A travers les campagnes bourbonnaises, par JOSEPH BOIS, 1 vol. in-16.   **1 fr. 50**

L'émigration et ses effets dans le midi de l'Italie, par G. B. RUSSO, avec préface de P. BEAUREGARD, 1911, 1 vol. in-16 .... **3 fr. 50**

Marchands de folie. Cabaret des Halles et des faubourgs, cabaret-tâcheron, cabaret-cantinier, cabaret-placeur, cabaret de luxe, l'estaminet des mineurs, de l'infirmerie à la maison de fous, etc., par LÉON et MAURICE BONNEFF, 1 vol. in-16, 1912.   **2 fr.**

Illusions socialistes et réalités économiques. Grèves et arbitrages obligatoires. Pour remplacer le salaire. Expériences australiennes, par DANIEL BELLET, 1 vol. in-16, 1912...... **3 fr.**

HISTOIRE

DES

Partis Socialistes en France

Publiée sous la direction de Alexandre ZÉVAÈS

Ouvrages divers

L'Action socialiste municipale. Préface d'Edg. Milhaud, 1 vol. in-16 .... 1 fr. 25

Alhaiza. — *Fourier et sa sociologie sociétaire*, in-8..... 0 fr. 75

Allard. — *Esclaves, Serfs et Mainmortables*, n. éd....... 4 fr.

Arnoux (J.). — *Le Peuple japonais. Le Vieux Japon. Le Japon moderne. Le Japon actuel*, 1912, in-18 jésus de 510 pages. 5 fr.

Bender (E.). — *Le salaire effectif, sa protection par la loi*, 1 vol. in-8... 3 fr. 50

Bernstein (Ed.). — *La Grève et le lock-out en Allemagne. Leurs forces, leur droit, leurs résultats*. Conférence à l'Université nouv. de Bruxelles, 1908, gr. in-8.................... 2 fr. 50

Beuchat et **Hollebecque.** — *Les religions*. Etude historique et sociologique du phénomène religieux, 1 vol. in-16, illust. 2 fr. 50

Colin (P.). — *Aperçus sur le vagabondage, effets, causes, remèdes*, 1907, 1 vol. in-16, br............................. 1 fr. 50

Compte rendu de la Conférence du Chômage, tenue à Paris du 18 au 21 septembre 1910, 3 forts vol. in-8 raisin...... 18 fr.

1er Congrès de l'Enseignement des Sciences sociales. Compte rendu des séances et texte des mémoires de Gide, Waxweiler, G. Renard, Niceforo, F. Simiand, Hauser, Deherme, 1901, 1 vol. in-8.. 5 fr.

V° Congrès national des Syndicats et Groupes corporatifs ouvriers de France, tenu à Marseille, du 19 au 22 octobre 1892. Compte rendu, 1 vol. in-8.................................. 1 fr. 50

Dambrun. — *La grève envisagée dans ses effets juridiques*, 1 vol. in-8, 1905................................... 4 fr.

Delmer. — *Enquête anglaise sur la journée de huit heures*, 1907, in-8, br... 2 fr.

Fesch (P.). — *L'année sociale économique*, 1907, 1 vol. in-8, broché... 7 fr. 50

— *L'année sociale économique*, 1908, 1 vol. in-8, br. Prix. 7 fr. 50

Fournier de Flaix (E.). — *La Statistique des religions*, 1890,
in-8 de 54 p... 1 fr. 50

Fromont. — *Une expérience industrielle de réduction de la journée de travail*, 1 vol. in-16, cart. toile.................... 3 fr.

Goineau (A.). — *Les retraites ouvrières et paysannes. Loi du
5 avril 1910 annotée et commentée avec le calcul des pensions
auxquelles les intéressés auront droit*, 1 vol. in-16, 1910.. 1 fr.

Gorju (Camille). — *L'évolution coopérative en France*, 3 petits
vol. in-18 jésus, 1909-1911................................. 3 fr.
 I. — Exposé comparatif de l'organisation et du développement
des coopératives de consommation et de production. Un vol. in-18.
 II. — Exposé économique des méthodes de concentrations dans
les coopératives agricoles de production. Un vol. in-18.
 III. — Exposé d'ensemble du système coopératif dans les grands
courants de centralisation économique. Un vol. in-18.

Goulut. — *Le Socialisme au pouvoir*, 1910, 1 vol. in-16... 3 fr. 50

Hage (D^r). — *Le problème de l'assurance obligatoire contre
l'invalidité et la vieillesse*, 1912, 1 vol. in-4°........... 4 fr.

Halévy (Daniel). — *Luttes et Problèmes*, 1 vol. in-18 jésus,
1911... 3 fr. 50

Heberlin-Darcy. — *Esquisse d'une société collectiviste.* Etude
sociologique, préface d'Anatole France, 1908, br. in-8. 0 fr. 50

Kautsky. — *La lutte des classes en France en 1789*, traduit par
Ed. Berth, 1 vol. in-12, 1901.............................. 2 fr.

Karmin (Otto). — *Tableaux chronologiques* pour servir à l'étude
de l'histoire des Systèmes économiques et socialistes de 1500
à 1886. Préface de Henry Fazy, vice-président du Conseil d'Etat
du Canton de Genève, in-4, 1911............................ 1 fr. 50

Kurnatowski (G.). — *Esquisse d'évolution solidariste*, 1 vol.
in-8, br... 2 fr. 50

Lagardelle. — *La Grève générale et le Socialisme*, enquête
internationale, opinions et documents, 1905, 1 vol. in-18 de
424 p... 3 fr. 50

Lamotte (A. de). — *La femme en ville et à la campagne.* Salaires
et conditions diverses, 1 vol. in-16....................... 1 fr. 50

Lesigne (E.). — *Les droits du travail. L'homme ne veut plus
du salariat*, 1 vol. in-16................................. 3 fr.

Maisonnier et Lecarpentier. — *L'Irlande et le Home-Rule*,
1 vol. in-8, 1912... 7 fr.

Martin (Marguerite). — *Les droits de la femme*, 1 vol. in-16, 1911...

Martinet (E.). — *Le socialisme au Danemark*. Préface de P. Baudin, 1 vol. in-16............................... •2 fr. 50

Malnoury, avocat. — *Manuel pratique du conseiller prud'homme*, 1 vol. in-16....................... 4 fr.

Niel (L.), ex-secrétaire de la C. G. T. — *Deux principes de vie sociale*. La lutte pour la vie. L'entente pour la vie. 1909, 1 vol. in-12, br....................... o fr. 75

Payer (A.). — *La participation aux bénéfices*. Etude historique, critique et documentaire, 1 vol. in-16................... o fr. 75

Pereyra Alcantara (A.). — *Le capitalisme et le problème économique*, brochure gr. in-8, 1911......................... 1 fr.

Poidvin (A.). — *Guide pratique en matière d'accidents du travail* à l'usage des patrons, employés et ouvriers, 1 vol. in-16, br., de 216 p....................... 2 fr.

Pranard et Mangot. — *Le bien de famille insaisissable*, avec commentaire et formule, 1 vol. in-16................... 1 fr. 50

Prolo (J.). — *De la Méthode réaliste du socialisme réformiste français*, préface d'Albert Orry, secrétaire général du P. S. F., in-12....................... o fr. 50

Préaudeau (M. de). — *Michel Bakounine*. Le collectivisme dans l'Internationale. Etude sur le mouvement social (1868-1874), 1 vol. in-8, 1912....................... 8 fr.

Rappoport (Ch.). — *La philosophie de l'histoire comme science de l'évolution*, 1 vol. in-16·de XVI-250 p............... 3 fr. 50

Rey (A.). — *Le cri de la France. Des logements! La gravité de la crise, les grands remèdes*. Préface de Léon Mabilleau, in-8, 96 pages, 1912....................... o fr. 75

Rougé (Ch.). — *Les Syndicats professionnels et l'Assurance contre le chômage*, 1913, in-8....................... 4 fr.

Saint-Cyr (Ch. de). — *La Haute-Italie politique et sociale*, 1908, 1 vol. in-12....................... 3 fr.

Saint-Georges d'Armstrong (Baron Th. de). — *Concorde internationale*, avec commentaires et détails. Lettres écrites aux puissances et vœux déposés au Congrès permanent de l'Humanité dans les années 1900 à 1906, 1907, 1 vol. gr. in-8......... 4 fr.

Saint-Laurens (L.). — *Les syndicats et la répression des infractions professionnelles*, 1 vol. in-8....................... 5 fr.

Séverac (G.). — *Guide pratique des Syndicats professionnels,* 1908, 1 vol. in-12, br... 2 fr.

Silberling (E.). — *Dictionnaire de Sociologie phalanstérienne.* Guide des œuvres complètes de Charles Fourier, 1 vol. in-8 de XII-460 pages, 1911... 15 fr.

Sorel (G.). — *Le système historique de Renan,* in-8.... 12 fr.
— *La ruine du monde antique,* in-16................. 3 fr. 50

Szembek (Comte A.). — *Les Associations économiques des paysans polonais sous la domination prussienne,* préface du Comte L. de Voguë, 1 vol. in-8 de 461 p.................... 7 fr. 50

Valmor (G.). — *La loi du nombre,* notre principe de gouvernement, 1908, 1 vol. in-16................................ 1 fr. 50
— *Les problèmes de la colonisation.................... 3 fr. 50

Vandervelde (E.). — *Le sort des campagnes s'améliore-t-il? Un village brabançon en 1833. Ce qu'il est devenu.* 1 vol. gr. in-8, broché.. 2 fr.
— *Essais sur la question agraire en Belgique,* 1903, 1 vol. in-12 de 210 p... 2 fr. 50

Varlez, Picquenard, Darcis, G. Alfassa, Max Lazard. — *Le Placement public à Paris.* Situation actuelle et projets de réforme, 1913, in-16 .... 3 fr. 50

Vitali. — *La question des retraites ouvrières devant le Parlement français,* 1906, 1 vol. in-8, br., 298 p................... 5 fr.

Waxweiller (E.). — *Esquisse d'une Sociologie.* 1 vol. in-4 carré, cart. toile.. 12 fr.
— *L'Evolution de l'idée d'association des salaires aux profits,* 1909, brochure gr. in-8................................ 1 fr.

Weber (A.). — *A travers la Mutualité.* Etude critique sur les Sociétés de secours mutuels, 1908, 1 vol. in-8. ...... 5 fr.

Weber — *L'Enseignement de la Prévoyance.* Une lacune des programmes universitaires, 1 vol. in-8............... 2 fr.

Weber — *Introduction à l'Etude de la Prévoyance,* 1 vol. gr. in-8 de 554 p.. 7 fr. 50

Zimmern (Alice). — *Le Suffrage des femmes dans tous les pays.* Avant-propos de Mrs Chapman Catt, présidente de l'Alliance internationale pour le Suffrage des femmes, 1 vol. in-16 de 228 p.. 2 fr.

Publication des Lois ouvrières

Accidents du Travail. — Lois et Décrets, édition mise à jour, 1912. 1 brochure in-8. Prix .... 0 fr. 50

Accidents du Travail. — Arrêtés du 30 septembre 1905 et 29 décembre 1911 fixant le tarif des frais médicaux et pharmaceutiques en matière d'accidents du travail. 1 vol. in-4   2 fr.

Assistance aux Vieillards. — Instruction du 16 avril 1906 suivie de la loi du 14 juillet 1905. Décret du 14 avril 1906 et annexes. 1 vol. in-8................................ 2 fr.

Bien de famille insaisissable. — Loi du 12 juillet 1909. Décret du 26 mars 1910 et circulaire, annotés et commentés par PRANARD et MANGOT, avec formules, 1 vol. in-16.... 1 fr. 50

Bureaux de placement. — Loi du 14 mars 1904 relative au placement des ouvriers et employés des deux sexes et de toutes professions. 1 brochure in-8................ 0 fr. 50

Caisses d'épargne. — Histoire et Législation, par CHEVAUCHEZ, rédacteur au Sous-Secrétariat des Postes. In-8 br... 1 fr. 50

Caisses de secours contre le chômage. — Décret du 9 septembre 1905, précédé d'un rapport du Ministre du Commerce et du Ministre des Finances. 1 brochure in-8........ 0 fr. 50

Conseils de prud'hommes. — Loi du 27 mars 1907, complétée des textes et articles des codes mis en vigueur par la présente loi. 1 brochure in-8 de 32 pages.................... 0 fr. 50

Contrat d'association. — Loi du 1er juillet 1901, modifiée par celles des 4 décembre 1902 et 17 juillet 1903, suivie des Décrets des 16 août 1901, 28 novembre 1902, 14 février 1905, et circulaire ministérielle. 1 brochure in-8 de 46 pages..... 0 fr. 50

Distributions d'énergie électrique. — Loi du 15 juin 1906, suivie de celle du 25 juin 1895, brochure in-8.... 0 fr. 50

Habitations à bon marché et petite propriété. — Loi du 12 avril 1906 et du 10 avril 1908. 1 brochure in-8..... 0 fr. 50

Hygiène du Travail. — Lois des 12 juin 1893 et 11 juillet 1903 et décrets des 29 novembre 1904 et 6 août 1905, suivis des Décrets sur l'emploi de la céruse, couchage du personnel, ateliers de blanchissage. 1 brochure in-8 de 30 pages. 0 fr. 50

Justice de paix. — Lois des 12 et 13 juillet 1905. 1 brochure in-8 .... 0 fr. 50

Législation électorale. — Lois et Décrets concernant les élections des conseillers municipaux, conseillers généraux, députés, sénateurs, suivis des lois constitutionnelles, petit volume in-8, broché .... 1 fr. 50

Liberté de Réunion. — Loi du 30 juin 1881, modifiée par celle du 28 mars 1907 et annotée des textes des 16-24 août 1790, 19-22 juillet 1791, 18 juillet 1837, 28 juillet 1848, 9 décembre 1905, art. 25-26. Décret du 16 mars 1906, art. 49. 1 brochure in-8 .... 0 fr. 50

Organisation municipale. — Loi du 5 avril 1884 modifiée par celles des 4 et 25 février 1901, 7 avril 1902, 8 janvier 1905, 9 décembre 1905 et complétée par la loi du 22 mars 1890 sur les Syndicats des communes. 1 broc. in-8 de 48 pages. 0 fr. 50

Recrutement de l'armée. — Loi du 21 mars 1905, réduisant à deux ans la durée du service militaire. 1 brochure in-8 de 68 pages .... 0 fr. 50

Repos hebdomadaire. — Loi du 13 juillet 1906 et Décrets d'administration publique du 24 août 1906, 13 juillet 1907, 14 août 1907. 1 brochure in-8.................................. 0 fr. 50

Retraites ouvrières et paysannes. — Loi du 5 avril 1910. 1 brochure in-8 .... 0 fr. 50
— Décrets des 24 et 25 mars 1911, une brochure in-8. 0 fr. 50

Sociétés d'assurances sur la vie. — Loi du 17 mars 1905, Décrets des 30 janvier, 12 mai, 9, 22, 25 juin 1906, notice relative à l'enregistrement et arrêtés de juillet 1907 et modèles d'états à produire. 1 vol. in-8 de 104 pages........ 2 fr. »

Sociétés civiles et commerciales. — Loi du 24 juillet 1867 modifiée et complétée par celles des 1er août 1893 et 16 novembre 1903, suivie des lois des 29 juin 1872, 1er décembre 1875, et Décrets des 9 décembre 1872 et 10 août 1896 sur le timbre des sociétés. 1 brochure in-8 de 36 pages.......... 0 fr. 50

Sociétés de secours mutuels. — Loi du 1er avril 1898, modifiée et complétée par celles des 31 mars 1903 et 2 juillet 1904, suivie du Décret du 25 mars 1901. 1 brochure in-8.. 0 fr. 50

Syndicats professionnels. — Loi du 21 mars 1884, circulaire ministérielle du 25 août 1884. 1 brochure in-8...... 0 fr. 50

Indépendamment des Lois mentionnées ci-dessus et éditées par nos soins, la librairie peut fournir par fascicules séparés du *Bulletin des Lois* toutes celles promulguées depuis 1794.

Imp. coop. ouvr., Villeneuve-St-Georges

9 782013 441391